PODER
P A R A
Vivir

A B E L
L E D E Z M A

CARIBE-BETANIA

Una división de Thomas Nelson, Inc.
The Spanish Division of Thomas Nelson, Inc.
Since 1798-desde 1798

caribebetania.com

Dedicación

Quiero dedicar este libro a mi esposa Rosye quien ha sido un apoyo grande en mi vida y ministerio. A mi hijo Abel Isaac y mi hija Damaris. Ellos han sido mi razón para seguir triunfando en esta vida con poder.

6-26-11

Para Jupita

En Cristo

El poder d lo Alto siempre

la acompañir-

Reconocimientos

Quiero agradecer a mi amigo John Maxwell y su esposa Margaret por la amistad y apoyo que me han dado siempre. Todavía recuerdo el año 1981 cuando por primera vez mi esposa y yo entramos a su oficina y él nos abrió la puerta para trabajar juntos en su equipo de liderazgo. Gracias por ser mi mentor y amigo.

Gracias a Mary Cervantes, mi secretaria, por el apoyo y la lealtad que has tenido hacia mi persona y ministerio. También gracias a Gaby Gómez por ayudarme con el manuscrito de este libro. Gracias doy también a la iglesia Centro Familiar Cristiano por su amor y entrega.

Gracias.

Contenido

Prólogo

En el viaje de la vida a veces vamos a la cabecera y otras veces seguimos al pelotón. Sin embargo, siempre podemos aprender de aquellos que van adelante y de los que nos acompañan en el viaje. He tenido el privilegio personal de ser el mentor de Abel en su viaje y su misión de capacitar a los pastores y darles herramientas de liderazgo, así como ver el crecimiento exponencial de esas habilidades a medida que esos líderes capacitan a otros. Abel tiene la capacidad definitiva de recurrir a sus experiencias personales y usar esas lecciones aprendidas para retar a otros a crecer. Eso es precisamente lo que él hace en este libro.

El poder se manifiesta en términos de fortaleza, autoridad e influencia. ¿Cuál es nuestra fuente de poder? ¿Qué hacemos con el poder? Lo apetecemos, le tenemos miedo, lo usamos y a veces también abusamos de él. El poder implica responsabilidad, y debemos rendir cuentas de su manejo a otros, en especial aquellos que tienen ciertas expectativas de nosotros y que serán en última instancia influenciados por nuestra autoridad. ¿Cómo obtenemos el poder de Dios? Más importante todavía, ¿cómo renunciamos al poder que percibimos como posesión nuestra? Este libro no solo le guiará sino que renovará su esperanza y cambiará su perspectiva sobre asuntos que le retarán física, emocional y espiritualmente. En resumen, le infundirá de poder.

Abel nos retó antes a crecer por medio de las tragedias de la vida, y ahora nos reta a acudir a la única fuente verdadera de poder, renunciando a los esfuerzos egocéntricos y dejando que sea Dios quien obre a través de nosotros. ¿Se le mide a este reto? Es mi oración que usted abra su corazón al mensaje que Dios le tiene preparado, por medio de las lecciones que Él ha enseñado a mi amigo y hermano en Cristo, Abel Ledezma.

Sinceramente,

Dr. John Maxwell
Ministerios INJOY

Introducción

Todos nosotros nos enfrentamos a los desafíos de la vida. Nos enfrentamos a dudas, temores, fracasos y a la incertidumbre del futuro. La mayoría de las personas viven con mucho temor en su corazón. El 11 de septiembre del 2001 nuestro país fue sacudido por unos terroristas que desviaron dos aviones hacia las Torres Gemelas de Nueva York, otro avión hacia el Pentágono en Washington D.C. y un cuarto avión que los mismos pasajeros hicieron caer en otro lugar para que no destruyera la Casa Blanca o el Capitolio. Toda nuestra nación se conmovió al ver la tragedia de quienes murieron y sus familias, nos llenamos de tristeza, nos invadió el temor, y mucha gente se sintió impotente tras perder de un día para otro al esposo, la esposa, un hijo, una hija, unos padres, un amigo, un compañero de trabajo, un trabajo, un negocio, y tal vez una esperanza. Mucha gente se sintió impotente para hacerle frente a los nuevos retos de la vida. La gente se preguntaba: «¿Cómo podré enfrentar la vida? ¿Voy a tener que empezar de cero? ¿De dónde voy a sacar las fuerzas para seguir? ¿En quién me voy a apoyar? ¿Quién me puede ayudar? ¿Vale la pena seguir adelante?» A la fecha ya han pasado dos años de esta tragedia y aún la gente vive con mucho temor.

Si ya hemos dado mucho de nosotros, si perdimos algo que apreciamos, si sentimos que nuestra vida ya fue todo lo que podía ser… nos empezamos a sentir desgastados, cansados, agotados y sin fuerzas. ¿De dónde sacamos poder para vivir? ¿Por qué carecemos del poder que David tuvo cuando se enfrentó al gigante? Ese poder que Nehemías tuvo para volver a edificar las murallas de Jerusalén, el poder de los tres jóvenes hebreos para hacerle frente a la adversidad, el poder que Ester tuvo para hacerle frente a un rey con cierta fama, el poder que Pedro tuvo para volver a levantarse, predicar con valor, y dar la cara por Cristo después de haberlo negado. ¿Dónde está el secreto de estos hombres y mujeres? ¿Qué fue lo que cambió sus vidas? Es que todos ellos recibieron **el poder para vivir**.

La omnipotencia de Dios se puede ver en toda su gloria. No solo se ve en la historia de Israel, sino también en toda la creación del mundo (Génesis 1). Dios es quien señala a las estrellas su curso y las llama por su nombre (Isaías 40.26). También el Nuevo Testamento está lleno de la afirmación de que Dios es todopoderoso. Dios está por encima de la naturaleza, por haberla creado (Romanos 1.20), y es Señor de la historia por el hecho de haber enviado a su Hijo al mundo.

El Nuevo Testamento usa un vocabulario especial para describir el poder de Dios. Por ejemplo las palabras *dunameis* y *exousía*. Dios es la causa misma o *dunameis* de todo poder, y para ejercerlo posee toda la *exousía*, aquella potestad o facultad absoluta para obrar.

Cristo Jesús fue poderoso en palabra y obra (Lucas 24.19). Sus milagros fueron evidencias de *dunameis*, o hechos poderosos dirigidos en particular contra las potestades demoníacas, y Él mismo ha dado a sus discípulos poder (Lucas 6.1) contra toda fuerza enemiga (Lucas 10.9), un poder que obró en el apóstol Pablo (1 Tesalonicenses 1.5) y en las iglesias (1 Corintios 12.10). Como cristianos nos ha sido dada la potestad de Cristo para **poder ser** hijos de Dios (Juan 1.12). Como hijos de Dios hemos sido capacitados para vivir una vida de poder. A través de la Palabra de Dios nos ha sido dada la promesa de vivir una vida de victoria, una vida de poder. El libro de los Hechos nos dice: *Recibiréis poder cuando haya venido sobre vosotros el Espíritu Santo* (1.8). El mismo apóstol Pablo nos da dos versículos clave que hablan del poder de Dios en nuestras vidas: *Todo lo puedo en Cristo que me fortalece* (Filipenses 4.13); *«Y a Aquel que es poderoso para hacer todas las cosas mucho mas abundantemente de lo que pedimos o entendemos, según el poder que actúa en nosotros»* (Efesios 3.20). En otras palabras, podemos tener poder para hacerle frente a los retos y problemas de la vida, **poder para vivir.**

El deseo de mi corazón es que a través de estas páginas el Espíritu de Dios vivifique sus vidas y les dé la victoria que necesitan para seguir.

Pastor Abel Ledezma
Centro Familiar Cristiano
Liderazgo Enfocado

CAPÍTULO 1

Conectémonos al poder de Dios

Según parece, nuestra sociedad está sin poder. Muchos de nosotros hemos estado viviendo de una manera mecánica, y hasta las iglesias se han olvidando del poder de Dios porque andan como la mayoría de nuestros automóviles, con la aguja marcando en el tablero que el tanque de gasolina está casi vacío, apenas sobreviviendo. Hay muchas personas que viven muy por debajo de sus privilegios y habilidades. Hace algunos años llegó a mis manos vía Internet el siguiente artículo que me pareció excelente puesto que muestra la condición en que viven muchas personas.

Carta de Satanás

Te vi ayer cuando comenzabas tus tareas diarias. Te levantaste sin siquiera orar a tu «DIOS». En todo el día no hiciste nada de oración. De hecho, ni te acordaste de bendecir tus alimentos. Eres muy desagradecido con tu Dios y eso me gusta de ti. También me agrada la enorme flojera que demuestras siempre en lo que se refiere a tu crecimiento cristiano. Rara vez lees la Biblia y cuando la recitas estás cansado. Oras muy poco y muchas veces repites palabras que no meditas. Por cualquier pretexto llegas tarde o faltas a tus reuniones de formación.

¿Qué decir de tus quejas al cooperar en la evangelización o a la hora de dar el diezmo? Todo es útil para mí. No puedo describirte cómo me alegra que en todo este tiempo que llevas siguiendo a tu Dios no hayas cambiado tu manera de comportarte. Tantos años y sigues como al principio, crees que no tienes nada que cambiar.

Me encantas. Recuerda que tú y yo hemos pasado muchos años juntos, y aún te detesto. Es más, te odio porque odio a tu Padre. Solamente te estoy usando para molestarlo. Él me echó del cielo y voy a utilizarte mientras pueda para vengarme de Él.

Mira ignorante, tú eres tan idiota que me has cedido tu existencia y voy a hacer que vivas un verdadero infierno en vida. Estaremos juntos doblemente, y esto realmente va a dolerle a tu Dios. Con tu cooperación, voy a mostrar quién realmente es el que gobierna tu vida. Recuerda todos los momentos en la carne que hemos pasado. Hemos disfrutado juntos muchas películas pornográficas y qué decir de las veces que hemos ido a los «espectáculos artísticos en vivo». Aquel día de debilidad con aquella personita simpática, ¡que bien nos la pasamos! Pero más me agrada que no te arrepientes, sino que insistes en que eres joven y tienes derecho a gozar la vida, piensas solo en tu cuerpo y crees que no tienes un alma que guardar para la eternidad. No hay duda alguna, eres de los míos. Disfruto mucho los chistes obscenos que cuentas y que escuchas. Te ríes por lo ocurrentes que son y yo me rió al ver a un hijo de Dios participando en ellos. El hecho es que ambos la pasamos bien. La música vulgar y de doble sentido que escuchas me fascina. ¿Cómo sabes cuáles son los grupos que me gusta escuchar? También disfruto mucho cuando blasfemas y te revelas contra tu Dios. Me siento feliz cuando te veo bailando y haciendo ese tipo de movimientos que tanto fascinan, ¡cómo los disfruto!

Ciertamente cuando vas y te diviertes sanamente me decepcionas, pero no hay problema, siempre habrá otra oportunidad. A veces me haces servicios increíbles cuando das mal ejemplo a los niños o cuando les permites que se desvíen de su inocencia por medio de la televisión o cosas por el estilo. Son tan perceptivos que fácilmente imitan lo que ven. Te lo agradezco mucho. Lo que más me agrada es que rara vez tengo que tentarte, casi siempre caes por tu propia cuenta. Buscas los momentos propicios, te expones a situaciones peligrosas, buscas mis ambientes. Si tuvieras algo de sesos cambiarías de ambiente y compañías, recurrirías a los sacramentos y entregarías realmente tu vida al que dices llamar «tu Dios», para vivir el resto de tus años bajo la guía del Espíritu Santo.

No acostumbro enviar este tipo de mensajes, pero eres tan conformista espiritualmente que no creo que vayas a cambiar. No te equivoques conmigo, aún te odio y no me importas en lo más mínimo. Si te busco es porque me agrada tu manera de comportarte y hacer quedar en ridículo a «Jesucristo».

Tu enemigo que te odia,

Satanás o como me quieras llamar

P.D. Si realmente me amas, no muestres esta carta a nadie.

Hay una anécdota de la vida de Jerónimo que en lo particular es una de mis preferidas, en la que se narra que fue a visitar una iglesia que contaba con unos acabados maravillosos. Al llegar a su destino, la persona encargada le recibió mostrándole todos los tesoros que tenía y comentó: «¡Nunca más la iglesia podrá decir "*no tengo plata ni oro*"!» A lo que Jerónimo respondió: «¡Pero tampoco podrá decir "*levántate y anda*"!» Qué tremenda declaración. Esto nos muestra una realidad inminente: Necesitamos el poder de Dios para seguir adelante.

En muchas ocasiones nos sentimos abrumados por las múltiples situaciones y problemas que nos rodean, pareciera ser que todo está fuera de nuestro control y nos sentimos sin poder para cambiar esas circunstancias, ya sea en el trabajo, en el hogar, en la iglesia y aun en nuestra vida. Luchamos por liberarnos de ciertos hábitos que sabemos que no agradan a Dios, pero para esto se necesita más que buenas intenciones; necesitamos fortaleza divina, necesitamos del poder de Dios. Solamente conectándonos al poder de Dios encontraremos ese *poder para vivir* que tanto hemos buscado.

La Biblia nos dice en Jeremías 32.17:

> ¡Oh Señor Jehová! He aquí que tú hiciste el cielo y la tierra con tu gran poder, y con tu brazo extendido, ni hay nada que sea difícil para ti.

¿Qué puede haber difícil para nuestro Dios? Creo firmemente que si usted y yo estamos luchando con algo en nuestras vidas, Dios tiene el poder para cambiarlo. Él creó el cielo y la tierra, cuánto más podrá darnos victoria en todas nuestras luchas.

Él quiere compartir su poder con nosotros, como nos dice Efesios 1.19-20:

> Y cuál la supereminente grandeza de su poder para con nosotros los que creemos, según la operación del poder de su fuerza, la cual operó en Cristo resucitándole de los muertos y sentándole a su diestra en los lugares celestiales.

Dios nos dice en Efesios 1.19-20 y Jeremías 32.17 que el poder que usó para crear el universo y para levantar a Cristo de entre los muertos, es el mismo poder que quiere compartir con usted y conmigo en nuestro andar diario con Él. El problema es que casi nunca o nunca echamos mano de ese poder, tal vez porque ni siquiera sabemos cuándo y cómo usarlo. Es mi deseo que al terminar de leer este capítulo usted pueda vivir conectado al poder de Dios.

¿Cuándo es que necesitamos conectarnos al poder de Dios?

1. Cuando usted no sabe cómo empezar

La mayoría de nosotros tenemos dificultad para empezar algo. Tenemos la intención, pero no la fuerza, ni el poder, ni la disciplina para hacerlo. Usted sabe que tiene que llevar a cabo tal o cual tarea, pero prefiere dejarla a un lado y posponerla, así sepa que es su deber llevarla a cabo. ¿Cuántas veces nos hemos puesto metas para orar al menos diez minutos diarios y a las dos semanas esos diez minutos se convierten en nueve, luego en ocho y así hasta que nos olvidamos de orar? Hasta en las cosas más triviales como arreglar el jardín, planchar, etc., siempre dejamos todo para después y tenemos toda la intención de hacerlo, mas no el poder para hacerlo. Algo similar sucedió a Pablo, según nos dice el apóstol en Romanos 7.18:

> Y yo sé que en mí, esto es en mi carne, no mora el bien; porque el querer el bien esta en mí, pero no el hacerlo.

Tal vez usted no sabía que hasta el mismo Pablo tenía esas luchas, pues él quería hacer el bien pero en su naturaleza no había la fuerza y el poder suficientes para actuar. Es por eso que él necesitaba de la misma manera que nosotros el poder de Dios para querer y hacer cualquier cosa ¿Cuál es entonces la solución?

Dice la Palabra en Filipenses 2.13:

> Porque Dios es el que en vosotros produce así el querer como el hacer, por su buena voluntad.

Es entonces el poder de Dios lo que nos ayuda a hacer su voluntad. Dios nunca nos pedirá que hagamos algo sin darnos el poder para hacerlo.

2. Cuando usted tiene dificultades

Si bien es cierto que necesitamos el poder de Dios para empezar, necesitamos su poder para

La solución es confiar en Dios para que Él nos dé el poder para empezar.

proseguir. Muchos son los que empiezan pero pocos son los que terminan, dice la Palabra en Eclesiastés 2.11:

> Miré yo luego todas las obras que habían hecho mis manos, y el trabajo que tomé para hacerlas; y he aquí, todo era vanidad y aflicción de espíritu, y sin provecho debajo del sol.

El escritor de este pasaje nos comparte que ya no tenía fuerzas para continuar y sentía que ya nada valía la pena; creo que todos y cada uno de nosotros hemos atravesado por una situación similar; empezamos a resbalar, a menguar, a querer huir, es entonces cuando más necesitamos de la fortaleza que viene de Dios para seguir adelante. El trabajo de Satanás es estorbarnos para que no lleguemos a nuestra meta, a él no le asusta que usted empiece algo, a él le asusta que logre terminarlo, es por eso que su tarea principal, es hacerlo retroceder. Volvamos al ejemplo del automóvil que mencionamos al principio de este capítulo. Además de que su tanque está casi vacío, Satanás hace que usted se vaya en reversa, fuera de la voluntad y el plan de Dios para su vida, entonces ¿cuál es la solución?

La solución es confiar en Dios para que Él nos dé el poder para persistir.

Cuando usted sienta que ya no puede seguir, recuerde Isaías 40.28-31:

> ¿No has sabido, no has oído que el Dios eterno es Jehová, el cual creó los confines de la tierra? No desfallece, ni se fatiga con cansancio, y su entendimiento no hay quien lo alcance. El da esfuerzo al cansado, y multiplica las fuerzas al que no tiene ningunas. Los muchachos se fatigan y se cansan, los jóvenes flaquean y caen; pero los que esperan a Jehová tendrán

nuevas fuerzas; levantarán alas como las águilas; correrán y no se cansarán; caminarán y no se fatigarán.

Levante el vuelo como las águilas por medio de conectarse al poder de Dios. Incluso es pertinente mencionar que las águilas, para evitar el peligro, se elevan a las alturas. Asimismo, si usted quiere evitar el peligro siga el ejemplo de las águilas y elévese a las alturas, allí podrá comprobar cómo el poder de Dios le da nuevas fuerzas para no cansarse ni fatigarse.

Recuerde que solamente necesitamos el poder de nuestro Dios para seguir adelante, sin embargo es importante aclarar que el poder que viene de Dios no es automático, no es una varita mágica que nos toca y nos hace sentir mejor. Muchos de nosotros pensamos que el mero hecho de ser cristianos quiere decir que estamos caminando en el poder de Dios, pero esto no es así, puesto que si fuera así, entonces ¿por qué hay tantas personas fracasadas? ¿Por qué hay tantas personas indecisas o de doble ánimo? ¿Por qué hay tantas personas inmaduras? Además, ¿por qué hay tantas personas que se dan por vencidas y no terminan lo que empezaron? Hay algunas cosas que usted y yo debemos hacer para conectarnos a su poder y este es el siguiente tema que trataremos.

¿Cómo conectarnos al poder de Dios?

1. Admitir nuestra falta de poder

Lo primero que tenemos que reconocer es nuestra falta de poder, el problema empieza cuando usted y yo pensamos que podemos hacerlo todo sin el poder Dios. El mismo apóstol Pablo reconoció esto en 2 Corintios 12.9-10:

Y me ha dicho: Bástate mi gracia; porque mi poder se perfecciona en la debilidad. Por tanto, de buena gana me gloriaré más bien en mis debilidades, para que repose sobre mí el poder de Cristo. Por lo cual, por amor a Cristo me gozo en las debilidades; en afrentas, en necesidades, en persecuciones, en angustias; porque cuando soy débil, entonces soy fuerte.

¿Sabía usted que el poder de Dios se hace manifiesto cuando nos sentimos débiles? Es porque solo en ese momento nos damos cuenta de que en nuestras fuerzas no podremos levantarnos, y así empezamos a depender únicamente de lo que Dios puede hacer.

Gracias a mis debilidades soy una demostración viviente del poder de Dios. Debemos admitir nuestra insuficiencia para que ese poder supla lo que falta en nuestras vidas. Tenemos que **admitir nuestra falta de poder**.

2. Creer por fe

Suena muy simple, pero lo cierto es que tenemos que creer por fe:

Jesús le dijo: Si puedes creer, al que cree todo le es posible. (Mr 9.23)

Entonces le tocó los ojos, diciendo: Conforme a vuestra fe os sea hecho. (Mt 9.29)

Me gusta la frase «conforme a vuestra fe». En otras palabras, usted decide cuánto quiere de Dios y cuánto poder necesita de Él.

¿Sabía usted que la fe tiene medidas? Nuestro Señor Jesucristo nos dijo que si nuestra fe fuera como un grano de mostaza, podríamos hacer grandes cosas. ¿Cómo está su fe? ¿Cómo está nuestro creer en Dios? La clave para el poder personal es la fe, la Palabra no se equivoca cuando dice que «*el justo por la fe vivirá*». La pregunta es: ¿Cuánto es lo que está esperando que Dios haga por usted durante esta semana? Puesto que usted tiene ciertos retos durante estos días, ¿podrá enfrentarlos sin el poder de Dios? ¿Podrá pasar esta semana sin Dios?

Él puede tratar con cada uno de ellos.

No lo olvide: «*al que cree todo le es posible*». Nuestro Señor Jesucristo dijo a Marta y a María en aquella ocasión que resucitó a Lázaro: «*¿No te he dicho que si crees, verás la gloria de Dios?*» Lo cierto es que no hemos visto muchas veces la gloria de Dios en nuestras vidas porque no creemos en Él y mucho menos le creemos a Él, y en lo que Él puede hacer.

Muchos de nosotros no creemos en Dios ni siquiera en el área de nuestras finanzas. Todavía dudamos que Él pueda proveer para nuestras necesidades. Usted es quien decide cuánto es lo que quiere recibir de Dios, ya que Él quiere bendecirnos tal como nos dice en su Palabra: «*Conforme a sus riquezas en gloria*». Ahora la pregunta es: ¿Qué tan rico y poderoso es Dios? Usted sabe la respuesta. ¿Por qué entonces vivimos sin poder? Todo depende de la semilla de fe que hemos plantado.

> *Usted necesita creer que para Dios no hay retos grandes, ni tampoco hay retos pequeños.*

Imaginemos que usted tiene un campo de diez hectáreas o acres y puede sembrarlo todo, pero usted piensa que es demasiado, así que solo se dedica a sembrar una hectárea o un acre. ¿Sabe cuánto es lo que va a cosechar? Déjeme decirle que solo una hectárea o un acre, puesto que las otras nueve hectáreas o acres no fueron sembradas.

Muchos de nosotros caminamos en esta vida quejándonos porque vivimos limitados, pero si hemos vivido con limitaciones es porque nuestra fe ha sido limitada por nuestra incredulidad. Tenemos que creerle a Dios de tal manera que le dejemos a Él lo que es imposible para nosotros, el problema es que casi siempre nosotros nos queremos encargar de lo imposible y le dejamos a Dios lo más fácil. Nuestro Señor no trabaja así, la decisión es suya, usted es quien escoge cuánto quiere recibir de parte de Dios. Por eso, usted tiene que creer por fe.

3. Hablar en fe

Si usted desea ver el poder de Dios en su vida, tiene que cambiar su manera de hablar, como dice en 2 Corintios 4.13:

> Pero teniendo el mismo espíritu de fe, conforme a lo que está escrito: Creí, por lo cual hablé, nosotros también creemos, por lo cual también hablamos.

Anúncielo por adelantado, eso es hablar en fe. Santiago capítulo 3 dice que nuestra lengua controla nuestra vida, la compara con el timón de un barco ya que el timón es el que determina la dirección que toma el barco. La Biblia nos dice que la lengua es el timón de nuestra vida, así que la manera como usted habla va a influenciar la dirección de su vida. Lo que usted dice determina lo que va a obtener. ¿Qué es lo que usted está hablando de su matrimonio? ¿De sus finanzas? ¿De sus hijos? Si usted quiere cambiar la manera en que cree debe de cambiar la manera como habla, si quiere apropiarse del poder de Dios en su vida. Usted debe **hablar en fe**.

4. Actuar en fe

Significa que usted da pasos por adelantado antes de ver el poder.

Dios quiere que usted actúe en fe antes de sentir cualquier cosa. De hecho, si usted espera hasta poder sentir algo, ya no es fe. Usted debe actuar como si tuviera el poder para hacerlo aún en contra de todos sus sentimientos y entonces, sólo entonces, usted lo va a obtener.

Si no practica este principio está cortando el poder de Dios. Actúe por fe aun a pesar de las circunstancias. Veamos el ejemplo de Josué en el capítulo 3 versículos 13 al 17:

> Y cuando las plantas de los pies de los sacerdotes que llevan el arca de Jehová, Señor de toda la tierra, se asienten en las

aguas del Jordán, las aguas del Jordán se dividirán; porque las aguas que vienen de arriba se detendrán en un montón.

Y aconteció cuando partió el pueblo de sus tiendas para pasar el Jordán con los sacerdotes delante del pueblo llevando el arca del pacto, cuando los que llevaban el arca entraron en el Jordán, y los pies de los sacerdotes que llevaban el arca fueron mojados a la orilla del agua (porque el Jordán suele desbordarse por todas sus orillas todo el tiempo de la siega), las aguas que venían de arriba se detuvieron como en un montón bien lejos de la ciudad de Adam, que está al lado de Saretán, y las que descendían al Mar del Arabá, al Mar Salado se acabaron, y fueron divididas; y el pueblo paso en dirección de Jericó. Mas los sacerdotes que llevaban el arca del pacto de Jehová, estuvieron en seco, firmes en medio del Jordán, hasta que todo el pueblo hubo acabado de pasar el Jordán; y todo Israel pasó en seco.

Dios les mandó que actuaran por fe. Primero tenían que mojar sus pies y luego se abriría el río. Los milagros van a suceder si usted da el primer paso, muchas personas piensan que Dios tiene que darles primero para que ellos actúen, pero Dios dice: «No». Recuerde al hombre ciego, el Señor le mandó primero a lavarse al estanque y después fue sano. Al paralítico le dijo: «¡Levántate y anda!»

Muchos dicen «estoy esperando en Dios», pero es Dios quien está esperando que demos el primer paso. Creer por fe, hablar por fe y actuar en fe nos conectarán al maravilloso poder de Dios, el verdadero *¡poder para vivir!*

CAPÍTULO 2

Poder para hacerle frente al temor

¿En alguna ocasión ha experimentado temor? Estoy seguro que todos y cada uno de nosotros hemos tenido temor en algún momento de nuestra vida, tal vez por una circunstancia difícil o grave. Quizás si ha estado entre la vida y la muerte, cuando ha estado a punto de tener un accidente, etc. En todas estas ocasiones nuestro organismo reacciona haciéndonos sentir el temor, en ese instante toda su vida le pasa por la mente, en segundos, desde su nacimiento hasta el presente, y usted se encuentra temblando y jurando: *¡Dios, si me sacas de esta, prometo servirte toda mi vida!* ¿Le ha pasado algo así? A mí me ha sucedido. En una ocasión, mi esposa, mi hijo Abel Isaac (que aún estaba pequeño) y yo salimos de la bahía de San Diego, California, con otros pastores y sus familias de paseo en un barco para ver las ballenas que pasan por el Pacífico hacia el sur. El día estaba precioso pero la noche anterior había caído una tormenta y al salir a mar abierto el panorama de repente empezó a cambiar drásticamente. El agua tranquila de la bahía dejó de serlo para convertirse en un mar violento con olas

13

tremendas. Yo trataba de disimular mi miedo ya que mi esposa estaba conmigo y tenía que protegerla. Fue entonces que sucedió, toda la Biblia vino a mi mente desde el Génesis hasta los mapas, y por supuesto empecé a clamar a Dios: «¡Padre si me sacas de esta, prometo servirte toda mi vida!» El barco se levantaba de uno de los extremos y nos pedían que nos moviésemos hacia el otro lado de la embarcación para nivelar la carga, pero aunque obedecimos esto no funcionó, por fin de tantos esfuerzos llegamos de nuevo a la bahía y se les ocurre invitarnos a comer, en ese momento tan tenso. Creo que esa fue la única vez en mi vida que recuerdo haber rehusado comer. Ahora, si me pregunta si vimos las ballenas, mi respuesta es ¡claro que no! En otra ocasión hace algunos años atrás que estaba viajando en un avioncito de la ciudad de San Diego a Los Ángeles, sentí todas las turbulencias y pensé que al piloto solo se le ocurría ir entre las nubes. Para completar el cuadro iba yo hojeando una revista cristiana donde decía que un pastor había tenido un accidente en avión y murió, así que no era realmente estimulante lo que iba leyendo. Pues bien, es en ocasiones como estas que el temor empieza a controlarnos. Puedo decirles con certeza que el temor es la enfermedad número uno en el mundo, donde quiera que haya un ser humano, habrá temor. Por supuesto, esto no es algo nuevo, desde el principio de la raza humana el temor llegó a controlar al hombre, esto podemos verlo claramente en la vida de Adán y Eva. Después que hubieron pecado tuvieron temor de Dios a causa de su desobediencia. Cuando Dios les llama y busca, Adán oye su voz y se esconde diciéndole al Señor: *«Oí tu voz en el huerto y tuve miedo»*. A partir de ese momento, y a través de la historia, el temor ha controlado al hombre, no es casualidad que haya 1500 versículos en la Biblia que hablan del miedo y del temor de haberle fallado a Dios, y que también haya 365 versículos en que Dios nos dice *«No temáis»*, exactamente uno para cada día del año. Así que si usted se identifica con el temor, yo me identifico con el temor, y todos nos identificamos con el temor, veamos entonces cuatro maneras en que Jesús nos enseña cómo conquistar nuestros temores.

1. Reverenciar a Dios

Si usted quiere echar fuera de su vida cualquier tipo de temor, lo primero que tiene que hacer es reverenciar a Dios. Nuestro temor humano tenemos que sustituirlo por un genuino temor a Dios, un temor santo que nos lleve a amarle con todo lo que somos. Veamos lo que dice Mateo 10.28:

> Y no temáis a los que matan el cuerpo, mas el alma no pueden matar; temed más bien a aquel que puede destruir el alma y el cuerpo en el infierno.

Algunos opinan que en este versículo se hace referencia al diablo, pero definitivamente no es así, ya que la misma Biblia nos aclara que el diablo no tiene potestad sobre el alma de las personas. Un excelente ejemplo de esto se manifiesta en la vida de Job, el diablo tuvo que pedir permiso a Dios para tocar a Job, a lo cual Dios le respondió que podía tocar su cuerpo pero no su alma, ya que era suya. En definitiva, el único que tiene suprema autoridad sobre el cuerpo y el alma es nuestro Dios y es a Él a quien debemos temer y reverenciar. El temor a Dios del cual hemos estado hablando, es más bien de aprecio y significa un reconocimiento de quién es Él, el Creador del cielo, la tierra y aun de nuestras propias vidas. Tristemente, el hombre de hoy en día le teme más al mismo hombre que a Dios, tenemos más temor de aquel que está a nuestro lado, de los muertos y del vecino, porque si no hago lo que me dice tengo miedo de que me critique, etc. Usted debe saber que en la Biblia el mismo Jesús nos dice las palabras que hemos estado meditando, que no tengamos temor a los que matan el cuerpo, más bien a Aquel que puede destruir tanto el cuerpo como el alma, quien es Cristo mismo. Él nos está expresando de una manera tan sencilla que la única manera de ya no tener temor a las cosas y a las personas, es empezar a tener un temor correcto a Dios. Con frecuencia nos tomamos a nosotros mismos muy en serio y no tomamos en serio a Dios, tenemos más temor de lo que va a decir el hombre, y no de lo que Dios va a decir de mí. Tampoco esto es nuevo, incluso cuando el pueblo de Israel empezó a agitarse porque Moisés no bajaba de la montaña, Aarón presionado por el mismo pueblo y por temor a enfrentarlos, hizo a un lado sus convicciones y accedió a los caprichos de sus compatriotas, pidiendo oro y haciéndoles un becerro para que adorasen. También el rey Saúl cuando regresaba de la guerra con Amalec, quien Dios le había dicho que aniquilara junto con todo su pueblo, hombres, mujeres, niños y animales, perdonó la vida a lo mejor del ganado de Amalec, desobedeciendo así lo que Dios le había indicado, y solamente se justificó diciendo que el pueblo quería hacer sacrificios con los animales ¿Qué pueblo? ¡Si él era el rey! Sin embargo, el profeta Samuel le hace saber lo que el mismo Dios quería que Saúl supiera, que la obediencia es mejor que los sacrificios. En incontables ocasiones nosotros hemos querido agradar a Dios, pero en realidad es al hombre a quien deseamos agradar, la prueba de esto es que nos resulta muy fácil faltar el domingo a la iglesia, pero entre semana no podemos dejar de ir a trabajar así estemos enfermos, porque no queremos problemas con nuestro jefe o en la empresa, ni queremos problemas con nuestro compañero de trabajo. Qué curioso que en una balanza tan sencilla podamos salir faltos, ya que nos es más fácil fallarle a Dios que fallarle al patrón, aunque lo cierto es que, según la Biblia, usted debe temerle más a Dios, ya que Él es quien controla su vida, Él es quien le da todo lo que usted disfruta. A pesar de lo que puedan decirle, no olvide que nuestro Dios puede encargarse de cualquier cosa, lo único que usted y yo debemos hacer es **reverenciar a Dios.**

2. Confesar a Dios

La segunda cosa que nos ayudara a conquistar el temor es confesar a Dios, veamos qué nos dice la Palabra en Mateo 10.32-33:

A cualquiera, pues, que me confiese delante de los hombres, yo también le confesaré delante de mi Padre que está en los cielos. Y a cualquiera que me niegue delante de los hombres, yo también le negaré delante de mi Padre que está en los cielos.

¿Qué significa esto? Debemos confesar o declarar solo a Dios. Una vez que usted ha recibido a Cristo en su corazón, usted no puede guardarlo, tiene que empezar a compartirlo con los demás, no importando si le critican porque usted es un hijo de Dios, no importando las circunstancias que le rodean, no olvide que nuestro primer acusador es el diablo y él tratará de desanimarlo y traer temor a su vida para que no confiese a Dios. En numerosas ocasiones por causa del temor no hemos participado en la hermosa tarea de anunciar por todo el mundo que Él es nuestro Salvador, y que Él es el Señor de nuestra vida, aunque las situaciones no sean las más favorables. Sin embargo, por el mismo temor mucha gente nunca habla de Cristo, ¿es usted ese tipo de persona? Si es así, es necesario recordarle que si usted niega al Señor delante de los hombres, Él le negará delante de su Padre. No existe tal cosa como «el cristiano del servicio secreto». Muchos pretenden pertenecer a esta corporación pero nuestro Dios nos aclara que esta corporación del «Servicio Secreto» no le pertenece a Él. Por lo tanto, es necesario que confesemos a Cristo en nuestras vidas y esto nos dará valor ante las personas que nos juzgan y señalan por ser cristianos. Lo curioso es que esa misma gente que ahora nos critica por ser cristianos, diciéndonos «qué religioso te has vuelto» y «yo no sé para qué cambiaste de religión», es la misma gente que antes también nos criticaba diciendo, «mira ese vicio horrible que tienes», «tienes que cambiar»

> *Desgraciadamente lo que ha sucedido es que en innumerables ocasiones en vez de confesar a Dios, vivimos confesando nuestros temores.*

«¿cuándo vas a cambiar?» y «anda a la iglesia». ¿A quién quiere agradar, a Dios o a aquellos que quieren que mejore, y cuando mejora le critican? Yo quiero aconsejarle que a pesar de que sus hijos no estén de acuerdo, el suegro no esté de acuerdo y el perro no esté de acuerdo, acláreles a estas personas que si usted va a la a iglesia no es para buscar una religión sino porque tiene una relación con el Dios todopoderoso, quien es capaz de quitar cualquier temor en su vida. Además, quiero decirle que aunque usted deje de confesar a Cristo y deje de asistir a la iglesia va a tener los mismos problemas, la diferencia es que cuando vivimos confesando a Cristo así tengamos problemas, Él los carga por usted. Nuestra decisión debe ser confesar a Cristo en las buenas y en las malas. Incluso a pesar de que usted tenga temor, debe *confesar que Jesucristo es su Señor y Salvador.*

3. Amar a Dios

Observe lo que nos dice Mateo 10.37:

El que ama a padre o madre más que a mí, no es digno de mí;
el que ama a hijo o hija más que a mí, no es digno de mí.

La Biblia nos dice que para poder vencer el temor debemos amar a Dios, es por eso que Cristo, después que resucitó, se dirige a Pedro quien le negó tres veces por causa del temor cuando le preguntaron «¿eres tú uno de ellos?» y «¿eres tú su discípulo?» Pedro contestó: «No, yo no» por temor, temor a ser juzgado, temor a ser echado a la cárcel. Jesús después de todo esto le pregunta a Pedro: «¿Pedro, me amas?» Fíjese en las palabras que pronunció: «¿Me amas? ¿Me tienes amor?» Comparemos esta porción de las Sagradas Escrituras con otra que se encuentra en 1 Juan 4.18:

En al amor no hay temor, sino que el perfecto amor echa fuera el temor; porque el temor lleva en sí castigo. De donde el que teme, no ha sido perfeccionado en el amor.

Me encanta lo que dice este fragmento, *«porque el temor lleva en sí castigo»*, y así es porque la persona que vive bajo el temor vive bajo la esclavitud del miedo y se hace prisionero de sus emociones. Mucha gente por el mismo temor pierde el sueño, otros no comen, otros comen demasiado, otros por el temor viven sin hacer nada, pretenden olvidarse de todo y de todos incluyendo a Dios mismo. ¿Sabe qué? Cuando usted tiene temor, ese temor va a esclavizar su vida. Es verdad, el temor involucra castigo porque el que teme no ha sido perfeccionado en el amor, por eso el mismo Cristo lo dijo: Usted tiene que amar a Dios para que el temor no llegue a controlar su vida. El mismo Pedro después de ser perfeccionado en el amor fue libre del miedo de confesar a Cristo, y ese mismo Pedro que negó a Cristo por temor, es al que ahora vemos en Hechos 4.18-20 ante un concilio, seguro y firme mientras declara su fe:

> Y llamándolos, les intimaron que en ninguna manera hablasen ni enseñasen en el nombre de Jesús. Mas Pedro y Juan respondieron diciéndoles: Juzgad si es justo delante de Dios obedecer a vosotros antes que a Dios; porque no podemos dejar de decir lo que hemos visto y oído.

Solamente el amor de Dios pudo lograr esta maravillosa transformación en la vida de Pedro, quien pasó de ser un hombre inseguro y temeroso a ser un hombre con poder y autoridad de Dios en su vida. Si usted no desea que el temor llegue a ser la causa de su derrota, tiene la solución en sus manos, debe **amar a Dios**.

4. Comprometerse con Dios

Vuelva conmigo a Mateo 10.38 - 39:

> El que no toma su cruz y sigue en pos de mí, no es digno de mí. El que halla su vida, la perderá; y el que pierde su vida por causa de mí, la hallará.

Este pasaje nos habla de un gran compromiso. Cristo mismo nos está hablando de un compromiso total. Muchas veces nosotros no nos decidimos por Jesús, y mientras no nos decidamos por Jesús, viviremos en el temor, tratando de quedar bien con el mundo y también con el Señor.

Hay personas que en el momento de la alabanza están bien pero los momentos de prueba están mal. Ahora bien, lo que quiero decirle con esto es que el acto de comprometernos no va a quitarnos el sentimiento de temor. Sin embargo, cada vez que usted sienta temor va a permanecer estable porque sabe quién es y en quién ha confiado. En Isaías 12.2 nos dice:

He aquí Dios es salvación mía; me aseguraré y no temeré; porque mi fortaleza y mi canción es Jehová, quien ha sido salvación para mí.

> *Tener un compromiso con Dios trae estabilidad a nuestra vida. En cambio, si no nos comprometemos viviremos llevados de acá para allá por cualquier corriente y viento.*

Observe lo que dice este pasaje. ¿Cuál es la medicina o el antídoto para el temor? Confiar, es lo que dice, confiaré y no temeré. ¿Cuántos de nosotros cantamos «no temas porque estoy contigo»? ¿En verdad vivimos sin temor porque estamos confiando? Tal vez somos de los que el domingo cantamos «no temas», pero el lunes cuando tenemos que enfrentarnos a las diversas situaciones de la vida empezamos a dudar. Es muy fácil confiar en Dios cuando estamos en la iglesia, donde todo está muy bonito y nos reunimos con nuestros hermanos en una armonía preciosa, pero allá afuera está lo real. Un ejemplo muy claro de esto se ve en los prisioneros. El comportamiento real de un prisionero no es en la cárcel sino afuera, cuando sale de la prisión. Si usted se fija, algunos de ellos mientras estuvieron en la cárcel se compusieron, sirven a Jesús y buscan a Dios de todo corazón (de hecho, deben buscar a Dios puesto que es una gran oportunidad para ellos). Después empiezan a hablar de Dios, pero cuando salen de la prisión ¿qué es lo que pasa? En la mayoría de los casos se van al mundo otra vez. La verdadera prueba de fe no es adentro sino afuera en el mundo que siempre nos ataca y nos ofrece tentaciones, y que luego nos acusa, nos pone en problemas, y nos hace pasar por cosas que nosotros no queremos. Ahí esta la prueba de la fe y la prueba de la confianza.

Ahora vaya conmigo a Isaías 43.1 - 2:

> Ahora, así dice Jehová, Creador tuyo, oh Jacob, y Formador tuyo, oh Israel: No temas, porque yo te redimí; te puse nombre, mío eres tú. Cuando pases por las aguas, yo estaré contigo; y si por los ríos, no te anegarán. Cuando pases por el fuego, no te quemarás, ni la llama arderá en ti.

Nuestro Dios nos recuerda «yo te formé», «soy tu Creador», «mío eres tú» y «no temas», pero tal parece que le creemos a nuestro Señor a medias, porque aún seguimos con los mismos temores de siempre, pensando que Dios nos va fallar en algún momento. No obstante, Él nos dice en el versículo 2: *«Cuando pases por las aguas, yo estaré contigo; y si por los ríos no te anegarán, cuando pases por el fuego no te quemarás, ni la llama arderá en ti».*

¿Cuántos de nosotros nos identificamos con esto? Todos en algún momento hemos pasado por aguas, ríos y fuego en nuestra vida, pero la palabra clave en este pasaje es *«pases»*. El ser un hijo de Dios no te excluye de tener que pasar por diferentes pruebas, de hecho la Palabra dice con seguridad *«cuando pases»*. Con claridad nos dice que esto va a suceder, pero lo experimentarás con el Señor a tu lado guiándote, dándote el poder y la fuerza para llegar al final, como lo hizo con los tres hebreos que tenían razones de sobra para sentir temor. Sin embargo, cuando se les ordenó que se postraran a un dios falso o de lo contrario serían echados a un horno de fuego, ellos confiaron en que el verdadero Dios a quien ellos adoraban estaría con ellos en ese momento de prueba y prefirieron ser quemados antes que negar a su Dios. Dice la Biblia que los soldados que levantaron a estos tres hebreos para echarlos al horno murieron por la intensidad del fuego. El rey sorprendido alcanzó a ver cuatro personas dentro del horno y dijo: «*¿Acaso no eran tres? ¿Por qué veo cuatro? El cuarto tiene semblante como de Dios*» (cp. Dn 3.22-26). ¿Sabe usted quién era? Por supuesto, era el Señor Jesucristo quien estaba con ellos cuando pasaban por el fuego. ¡Él cumple su Palabra! Lo mismo sucedió con Daniel en el foso de los leones, ¿cuántos de nosotros hemos vivido con leones en nuestra vida? Dice la Biblia que por orar tres veces al día, a Daniel lo metieron al foso de los leones, y cuando cayó al foso él pudo experimentar el poder de Dios pues el Señor estaba con él. Ahora bien, estos hombres son un ejemplo para nuestras vidas porque fueron humanos y tenían por qué atemorizarse, pero su confianza en Dios fue más grande que el temor que experimentaron. En Romanos, Pablo nos dice que somos más que vencedores en Cristo Jesús, quien nos amó y se entregó a sí mismo por nosotros. ¿Cuál es su valle? ¿Cuáles son sus aguas, cuáles sus ríos y cuáles sus fuegos? ¿Habrá algo que le está quitando el gozo? ¿Habrá algo que le atemoriza y le esté llevando a tirar la toalla? ¿Habrá algo en su vida que le está esclavizando? Si usted quiere experimentar el poder de Dios para vencer el temor, usted debe:

1) *Reverenciar el nombre de Dios.*
2) *Confesar a Dios.*
3) *Amar a Dios.*
4) *Comprometerse con Dios.*

Cuando usted y yo hacemos estas cuatro cosas, venga lo que venga, nada podrá contra nosotros, porque mayor es el que está en nosotros que el que está en contra de nosotros, y Él nos da todo *el poder para hacerle frente al temor.*

CAPÍTULO 3

Poder para hacerle frente a las frustraciones

2 Corintios 4.8-9 [1]

Quisiera antes de comenzar a tratar el tema que nos ocupará en este capítulo, compartir con ustedes una encuesta que descubrí y que nos da una perspectiva muy clara de las grandes bendiciones que tenemos en los Estados Unidos. Somos dueños de:

71% de los automóviles del mundo
80% de los hospitales del mundo
60% de las pólizas de seguros de vida
34% de todas las carnes del mundo
82% de todas las bañeras del mundo

Todo esto, cuando en otras partes del mundo se sufren grandes necesidades y en algunos países no se cuenta ni siquiera con servicio sanitario. Realmente hemos recibido mucho más de lo que merecemos y todavía más. ¿Sabía usted que tenemos el 6%

del territorio del mundo, somos el 7% de la población mundial, y tenemos más de la mitad de las riquezas del planeta?

No obstante, con todo esto y por increíble que parezca, la Universidad Emory sacó una encuesta que arrojó como resultado que el 40% de las personas en este país se clasifican entre las personas que viven más molestas y frustradas, ya que a pesar de todo lo que les rodea no viven felices. El Diccionario Larousse define la palabra frustración de la siguiente manera: «Malogro de un deseo o intento» y «ser privado de aquello que uno esperaba».

Otra cifra que sería muy importante observar es esta: En los años 1900 los más grandes agentes mortíferos del mundo fueron las enfermedades infecciosas. A finales de la década de los noventa los más grandes aniquiladores están relacionados con las frustraciones.

Qué increíble, ¿verdad? Por eso quise dedicar este capítulo al tema de las frustraciones y cómo hacerles frente.

Primeramente quiero compartir con usted *cuatro observaciones acerca de las frustraciones.*

1. Toda persona tiene algunas frustraciones en su vida.

Tal vez sea en el trabajo, en su matrimonio, por su carro, aun cuando hay personas que se atreven a decir que no tienen ninguna frustración. Sin embargo, son esas mismas personas a las que podemos verles canas prematuras y en ocasiones ya ni cabello tienen. Aunque tal vez digan que es cuestión genética, yo me inclino más a pensar que hay algún tipo de frustración en su vida.

2. La frustración puede llegar a ser un hecho negativo o positivo en nuestras vidas.

En otras palabras, la frustración en sí misma no es negativa, lo que la hace negativa o positiva es nuestra reacción a ella. Todo depende de nuestra actitud. Nosotros mismos creamos la frustración o la disipamos. ¿Cómo ha sido tu experiencia con las cosas que no has podido lograr en el primer intento? ¿Les das la bienvenida o las rechazas? ¿Aprendes cuando te sientes frustrado o te cierras del todo? Lo negativo o positivo de la frustración depende de uno mismo.

3. La mayoría de nuestras frustraciones son innecesarias.

Con esto quiero decir que nosotros cargamos con cosas que no deberíamos. A partir de otra encuesta descubrí lo siguiente:
No vale la pena preocuparnos, puesto que...

40% de lo que nos preocupa nunca sucederá. La ansiedad es el resultado de una mente cansada.

30% de lo que nos preocupa concierne a decisiones pasadas que no pueden ser cambiadas.

12% de lo que nos preocupa, es porque nos centramos en la crítica que otras personas hacen debido a que se sienten inferiores.

10% de lo que nos preocupa está relacionado con la salud, la cual de todos modos empeora cada vez que nos preocupamos. Se dice que por cada preocupación, le quitamos tres horas a nuestra vida.

8% de lo que nos preocupa es legítimo, lo cual nos demuestra que existen problemas reales que pueden ser enfrentados cuando eliminamos las preocupaciones inútiles.

4. Podemos aprender a manejar la frustración con eficiencia.

En otras palabras, si tenemos frustraciones, y no dudo en ningún momento que las tengamos, no tienen que ser un factor negativo en nuestras vidas. El apóstol Pablo aprendió a tratar con la frustración en su vida, como leemos en 2 Corintios 4.8, 9:

Que estamos atribulados en todo, mas no angustiados; en apuros, mas no desesperados; perseguidos, mas no desamparados; derribados, pero no destruidos.

Observe que Pablo tenía una actitud positiva ante la vida. Él sabía que a pesar de cualquier circunstancia, por más frustrante y difícil que pareciera, él podía seguir confiando en Dios.

Las cartas del apóstol Pablo son fuertes y estimulantes, pero hay una en particular que llama mi atención, ya que me motiva y es una de mis preferidas: la carta a los Filipenses. En ella Pablo hace mucho énfasis en el gozo y utiliza palabras como «gozosos» y «regocijaos». Por eso quiero compartir con ustedes algunos consejos que nos enseñarán a evitar que la frustración llegue a convertirse en desesperación.

> *Nuestro enfoque está tal vez en alguna persona o en algún bien material, por eso sufrimos de frustración, porque tarde o temprano aquello en lo que hemos puesto nuestro enfoque, nos defraudará.*

1. Desarrolle una perspectiva apropiada.

Filipenses 3.12 nos dice:

No que lo haya alcanzado ya, ni que ya sea perfecto; sino que prosigo, por ver si logro asir aquello para lo cual fui también asido por Cristo Jesús.

Este versículo me habla de que Pablo tenía la perspectiva correcta y por eso dijo «no que ya lo haya alcanzado». Sabía que todavía le faltaba mucho para llegar a ser como Cristo, pero afirmó con convicción «eso no me ha de desanimar, yo sigo adelante». Pablo sabía que no tenía por qué vivir con frustración ya que él estaba asido por Cristo mismo. Su perspectiva no se basaba en lo que él había logrado, sino que su fundamento, su base y su confianza estaban en Cristo. Él tenía la perspectiva correcta.

Por otro lado, la mayoría de nosotros nos frustramos cuando no alcanzamos nuestros objetivos, y todo esto porque no fijamos nuestra mirada en el Señor sino en nuestras preocupaciones. Es porque todavía no hemos desarrollado la perspectiva correcta.

Ese no era el caso de Pablo, quien dijo «aún no lo he alcanzado pero no importa, mi perspectiva está en Cristo y Él nunca me fallará».

2. Renuncie a sus derechos.

Filipenses 2.3-7:

> Nada hagáis por contienda o por vanagloria; antes bien con humildad, estimando cada uno a los demás como superiores a él mismo; no mirando cada uno por lo suyo propio, sino cada cual también por lo de los otros. Haya pues en vosotros este sentir que hubo también en Cristo Jesús, el cual, siendo en forma de Dios, no estimó el ser igual a Dios como cosa a que aferrarse, sino que se despojó a sí mismo, tomando forma de siervo, hecho semejante a los hombres.

La mayoría de las frustraciones que afectan nuestras vidas se deben a que todavía estamos luchando por nuestros derechos. ¿Sabía usted que ese no es el estilo del cristiano? No debería serlo, observe la actitud de nuestro Señor Jesucristo como se describe en el v. 4.

> No mirando por lo suyo propio, sino también por lo de los demás.

¿Le parece a usted que este versículo habla de pelear por nuestros derechos? Siga leyendo en el v. 5:

> Haya pues en vosotros este sentir que hubo también en Cristo Jesús.

Si usted quiere evitar que la frustración se convierta en desesperación, desarrolle la perspectiva correcta.

¿A quién nos pone de ejemplo? A Cristo mismo, quien siendo Dios, se humilló hasta lo sumo. Nuestro Señor no hizo nada por defender sus derechos. Sin embargo, he encontrado, ya sea en el área del trabajo o en el área familiar y matrimonial, que todos estamos reclamando y luchando por nuestros derechos, porque sentimos que la vida nos lo debe todo. Tristemente, al mantener estas actitudes se desarrolla en nuestra vida un patrón de cinco emociones destructivas que se cuentan entre las causas principales de los trastornos emocionales que la frustración produce, a saber:

a) Resentimiento
b) Amargura
c) Enojo
d) Odio
e) Temor

Todas las personas que viven reclamando sus derechos pasan por todas y cada una de estas emociones destructivas, por eso la mejor decisión que usted puede tomar es: *Renuncie a sus derechos.*

3. Reprograme su mente.
Filipenses 4.8:

> Por lo demás, hermanos, todo lo que es verdadero, todo lo honesto, todo lo justo, todo lo puro, todo lo amable, todo lo que es de buen nombre; si hay virtud alguna, si algo digno de alabanza, en esto pensad.

Necesitamos empezar a pensar correctamente. Usted puede controlar el proceso de pensamientos y dejar de ser una víctima de su mente. Pablo nos dice que podemos cambiar nuestra manera de pensar, ya que en la mayoría de las ocasiones tenemos pensamientos negativos y por consiguiente mantenemos actitudes negativas y vivimos vidas negativas. Es más fácil pensar de esa manera y decir: «Creo que hoy me levanté con el pie izquierdo». Ahora me pregunto: ¿Qué sucede con aquellas personas que solo tienen la pierna izquierda? ¿Todos sus días son malos? ¡Por supuesto que no! Nosotros somos quienes decidimos qué clase de día queremos tener, por ello es necesario hacer un nuevo programa para nuestra mente. Debemos llenarla de todo lo bueno, todo lo puro y todo lo justo, entonces empezaremos a ver que cada día que vivimos es hermoso porque hemos logrado cambiar una mente llena de frustraciones por una mente nueva, y por todo esto es necesario que usted *reprograme su mente*.

4. Ayude a otros.
Filipenses 4.3*a*:

> Asimismo te ruego también a ti, compañero fiel, que ayudes a éstas que combatieron juntamente conmigo en el evangelio.

En este pasaje Pablo se refiere a dos mujeres, Evodia y Síntique, las cuales tenían algunas diferencias personales. El apóstol pide a otro líder piadoso que le ayude a arreglar esas diferencias. ¿Sabía usted que cuando empezamos a preocuparnos por las frustraciones de los demás, obtenemos libertad de las nuestras? Así es, puesto que dejamos de enfocarnos en nosotros mismos y nos damos cuenta de que nuestros problemas no son tan grandes como pensábamos. Cuando usted y yo nos preocupamos por aprender a ayudar a los demás, en este proceso también aprendemos cómo vencer nuestras propias frustraciones. Si usted quiere evitar que la tensión llegue a convertirse en desesperación, ayude a otros.

5. Hable con Dios.
Filipenses 4.6-7:

> Por nada estéis afanosos, sino sean conocidas vuestras peticiones delante de Dios en toda oración y ruego, con acción de gracias. Y la paz de Dios, que sobrepasa todo entendimiento,

guardará vuestros corazones y vuestros pensamientos en Cristo Jesús.

Quisiera hacer tres observaciones importantes sobre este pasaje:

a) ¿Oramos o nos preocupamos?

Por nada estéis afanosos, sino sean conocidas vuestras peticiones delante de Dios.

Cuando llegue un problema a su vida, usted decide qué hacer o se preocupa, u ora. Con alguien tiene que hablar, así que mejor empiece con Dios. Váyase a lo seguro.

b) Acérquese a Dios con la actitud correcta.

En toda oración y ruego, con acción de gracias.

Debemos llegar ante Dios con una actitud correcta, una actitud de agradecimiento. Cuántas veces nos hemos acercado al Señor únicamente para quejarnos porque pensamos que algo nos hace falta, en lugar de agradecerle por todo lo que nunca nos ha hecho falta.

c) Reciba de Dios lo que nadie le puede dar.

Y la paz de Dios, que sobrepasa todo entendimiento, guardará vuestros corazones y vuestros pensamiento en Cristo Jesús.

¿Qué es lo que nadie le puede dar? Por supuesto: ¡La paz! Cuando nos preocupamos estamos tomando las promesas de Dios en vano, ya que si realmente creemos en su Palabra, dejaremos de preocuparnos al saber que Él cumple su Palabra y traerá paz a nuestro corazón en lugar de frustración y desesperación. Ahora, este consejo bíblico nos habla de «la paz de Dios», y no de la paz con Dios.

Esto se logra a través de la persona de Cristo Jesús. Si usted quiere evitar que la frustración llegue a ser una desesperación, hable con Dios.

6. Aprenda a ser flexible.
Filipenses 4.11:

No lo digo porque tenga escasez, pues he aprendido a contentarme, cualquiera que sea mi situación.

Sabía usted que la clave para ser feliz es aprender a vivir en contentamiento. Usted y yo tenemos que aprender este principio.

Esto es cierto, Nunca podremos controlar las circunstancias exteriores, pero sí podemos controlar lo que hay dentro de nosotros. No podemos controlar lo que otros piensen, digan o hagan a nosotros, pero sí podemos controlar lo que nosotros pensamos, digamos, o hagamos hacia ellos. El contentamiento es solamente una actitud gozosa en medio de las circunstancias, cualquiera que sea mi situación.

Si usted quiere evitar que la frustración llegue convertirse en desesperación, *aprenda a ser flexible* y mantenga una actitud de contentamiento.

> *Una persona nunca podrá disfrutar de la paz de Dios continuamente en su vida sino está en paz con Dios.*

7. Reciba la fuerza de Cristo.
Filipenses 4.13:

Todo lo puedo en Cristo que me fortalece.

Nuestra relación con Cristo determinará nuestra fortaleza durante los tiempos de frustración, solamente en Él y con Él

●●●●●●●●●●●●●●●●●●●●

> **«Yo no puedo**
> **controlar lo que**
> **me sucede a mí,**
> **pero sí puedo**
> **controlar lo que**
> **sucede en mí».**

●●●●●●●●●●●●●●●●●●●●

tendremos el poder para hacerle frente a las frustraciones. Cuando estás en necesidad y le ofrecen ayuda, ¿acaso no la acepta? ¿No extendería su mano para recibirla? Si le ofrecen la solución para su problema, ¿acaso no aprovechará la oportunidad? Bueno, eso lo que sucede cuando estamos dispuestos a recibir la fuerzas que necesitamos para ese período o momento presente, de la persona que está más dispuesta a ayudarle de lo que usted está para recibir esa ayuda. Este amigo se llama Cristo.

Así que, si usted quiere evitar que la frustración se convierta desesperación,

1) Desarrolle una perspectiva adecuada.
2) Renuncie a sus derechos.
3) Reprograme su mente.
4) Ayude a otros.
5) Hable con Dios.
6) Aprenda a ser flexible.
7) Reciba la fuerza de Cristo.

Solamente así tendremos el poder para hacerle frente a las frustraciones.

CAPÍTULO 4

Poder para hacerle frente a la crítica

Efesios 4.25-32²

Cuando hablamos de la crítica, estamos hablando de dar una observación o punto de vista correcto o incorrecto acerca de una persona. Todos en alguna ocasión hemos sido criticados o hemos criticado a alguien, y dependiendo de la actitud con la que hacemos la crítica, podemos edificar o destruir la vida de una persona.

Creo firmemente que la crítica constructiva en muchas ocasiones es necesaria, por eso es que considero necesario compartir con ustedes algunos puntos importantes sobre este tema. En Efesios 4.25-32 Dios nos habla del estilo de vida que debe caracterizar a las personas que quieren vivir una vida que agrada a Dios, y una de las cosas que el Señor nos pide es que toda palabra que salga de nuestra boca sea buena para la edificación de los oyentes, por esto los siguientes principios nos ayudarán a saber cómo tratar con la crítica cuando hacemos uso de ella o cuando nosotros somos criticados.

1) Comprenda la diferencia entre crítica constructiva y crítica destructiva.

Ahora, si realmente queremos discernir qué tipo de crítica estamos recibiendo o dando, deberíamos hacernos las siguientes preguntas:

a) ¿Cómo fue dada? En otras palabras, me dieron el beneficio de la duda, o solamente se emitió un juicio, sin siquiera importar lo que me motivó o me impulsó a actuar de tal o cual manera.

b) ¿Cuándo fue dada? Criticar en público es muy fácil, pero hacerlo en privado es otra cosa. Si la persona que emite la crítica no tiene el valor de hablarme en privado, tal vez no valga la pena hacer caso a sus comentarios.

c) ¿Por qué fue dada? Tal vez la persona que me está criticando lo ha tomado como algo personal. ¿Está tratando con mi persona o con la situación?

d) ¿Quién la dio? Debemos prestar atención si la crítica viene de alguien que es digno de nuestra confianza y admiración, pero tal vez debería hacer caso omiso de opiniones de personas que creen tener el don de la crítica, ya que solamente viven para hacer juicios a los demás.

> **Alguien dijo: «La crítica constructiva es cuando yo le critico, la crítica destructiva es cuando usted me critica».**

2) No se tome a sí mismo muy en serio.

Todos en alguna ocasión hemos cometido errores, pero usted decide qué hacer en estos casos: dejar que los demás se rían de usted o reírse con ellos. Yo definitivamente he decidido reírme con ellos. En cierta ocasión un joven le dijo a una señorita: «Nuestro nuevo vecino es ¡un gran cabezón!» Le contesta la muchacha: «No deberías ponerle apodos a la gente, no está bien, yo nunca hago eso, no creo que sea correcto». El joven responde: «Si le puse ese apodo es porque me enojó mucho el escucharle decir que tú eras una ridícula». Entonces la muchacha le pregunta: «¿Qué más te dijo de mí ese gran cabezón?»

Tal vez suene gracioso, pero lo cierto es que aquellos que se toman a sí mismos demasiado en serio, en la mayoría de las ocasiones salen lastimados porque viven preocupados por lo que los demás puedan opinar de ellos. Una de las lecciones que tuve que aprender al principio de mi ministerio como pastor y conferencista fue la de reírme con la gente o dejar que la gente se riera de mí. Muchas personas ni saben que existe la risa. Reír es saludable. La risa es una modalidad expresiva y única de la especie humana. Es un arma poderosa de comunicación y ni te imaginas cuántos beneficios positivos para el organismo nos puede proporcionar. ¿Sabía que el reír produce efectos maravillosos en su cuerpo y mente? Veinte segundos de risa equivalen a tres minutos de ejercicio constante en el gimnasio. Los músculos de la cara, el tórax y el abdomen se relajan y se contraen con gran velocidad, mejorando su tonificación. Cuando reímos y nos divertimos sanamente, nuestros ojos adquieren un brillo característico y aumentan las secreciones lagrimales, que son reguladas por el sistema nervioso. ¿Ha llorado de la risa alguna vez? Es algo que normaliza la presión sanguínea porque el corazón aumenta su frecuencia y los pulmones movilizan el doble de aire, lo que contribuye a una mejor oxigenación del organismo. Y por si fuera poco, la risa es un activador metabólico que provoca la liberación de adrenalina, favoreciendo la pérdida de calorías. Sonría y siempre verá todas sus situaciones con otro matiz y otro punto de vista.

> *Hay personas que critican tanto que si les pagaran por cada crítica que hacen ya fueran ricos.*

Quiero compartir con ustedes una frase:
Definitivamente, no se tome a sí mismo muy en serio.

3) Cuide su actitud cuando es criticado.

Una reacción negativa ante la crítica solamente hará que las cosas empeoren, la palabra de Dios nos invita en la primera epístola del apóstol Pedro a manifestar la misma actitud de Cristo. Veamos los que nos dice:

● ● ● ● ● ● ● ● ● ● ● ● ● ● ● ● ● ● ● ●

«Mientras crecíamos invertimos mucho tiempo preocupándonos por lo que el mundo pensaba de nosotros, pero al llegar a los 50 años de edad comprendemos que el mundo no nos estaba prestando mucha atención».

Pues para esto fuisteis llamados; porque también Cristo padeció por nosotros, dejándonos ejemplo, para que sigáis sus pisadas; el cual no hizo pecado, ni se halló engaño en su boca; quien cuando le maldecían, no respondía con maldición; cuando padecía, no amenazaba, sino encomendaba la causa al que juzga justamente. (1 P 2.21-23)

Por eso el Señor nos pide que mantengamos siempre la actitud y el sentir de Cristo, quien aunque padeció injustamente y fue maldecido, nunca respondió de la misma manera. Esto nos debe recordar que nosotros también debemos cuidar nuestra actitud cuando somos criticados.

4) Manténgase en buena condición física y espiritual.

● ● ● ● ● ● ● ● ● ● ● ● ● ● ● ● ● ● ● ●

Cuando somos criticados y no estamos en una buena condición

física y espiritual seremos afectados. Un excelente ejemplo de este punto es el profeta Elías. Mientras él estuvo bien física y espiritualmente, pudo hacer frente a todos los ataques de los cuatrocientos cincuenta profetas, sin embargo después de haber corrido y haber tenido tal desgaste espiritual en su enfrentamiento con los profetas de Baal, no soporta el ataque de una sola mujer, Jezabel y sufrió tal afección que deseaba la muerte. La gran diferencia es que no se mantuvo bien física ni espiritualmente. Entonces, si queremos tener el poder para hacer frente a la crítica debemos mantenernos física y espiritualmente sanos.

5. No vea tan solo al que critica, vea a la gente.

En otras palabras, ¿es tan solo la opinión de una persona o de toda la gente que me rodea? En muchas ocasiones han llegado a mí personas con frases como: «Dr. Ledezma, todos opinamos que…»; o también: «todo el mundo piensa que usted…». Creo que es una cualidad de todos nosotros el exagerar cuando damos alguna opinión. ¿Sabe usted qué hago en esos casos? Le pregunto al que me lo dice: «¿Estás seguro que es todo el mundo? Porque no creo que todo el mundo sepa quién soy, ¿podrías decirme los nombres de las personas que opinan esto?» Normalmente resulta que solo son tres o cuatro personas que comparten ese punto de vista o en ocasiones salen con frases como: «Se dice el milagro, pero no el santo» ¿Cómo resolver un problema sin nombres? Si esto le sucede no haga mucho caso, las críticas anónimas carecen de valor.

> *Cuando respondemos de la misma manera en que somos atacados, únicamente le estamos dando la razón a la persona que nos ataca.*

> **Si la persona que le critica no tiene el valor de decirle lo que piensa, realmente no tiene mucho valor su opinión.**

6) Espere que el tiempo le dé la razón.

El tiempo será su mejor amigo si usted está en lo correcto. A lo largo de mi ministerio he sufrido de algunas críticas que he tenido que soportar, pero nunca he usado el púlpito para defenderme ni acusar a nadie. Han sido experiencias difíciles con personas de la misma fe que han hablado en mi contra, pero yo nunca me defendí. Si usted es criticado por servir a Dios, nunca quiera justificarse. Dios y el tiempo le darán la razón. Dios y el tiempo serán sus mejores amigos.

7) Váyase por el camino más alto.

Cuando usted sea criticado, imite al águila. Cuando un águila es atacada por sus enemigos naturales, nunca contraataca, su táctica de defensa es volar hacia las alturas, donde sus atacantes no la pueden alcanzar. Nosotros deberíamos seguir este patrón. El contestar a una crítica es ponernos al mismo nivel del que critica. Mejor sea como el águila y vuele más alto.

Ahora, también habrá tiempos cuando usted sea el que da la crítica. Procure que siempre sea una crítica constructiva, para ello quiero darle algunos puntos sobre cómo tratar con la crítica cuando nosotros la damos.

1) Examine sus motivos.

Esté seguro de que sus motivos sean correctos, pregúntese: «Cuando critico a alguien, ¿me produce placer o dolor?»

2) Determine si el asunto es digno de crítica.

Antes de criticar piense si realmente vale la pena. De lo contrario, mejor cállese, muchas veces criticamos cosas superficiales como la corbata, por ejemplo. En cierta ocasión, una persona le comentó a un pastor que le parecía horrible su corbata, que realmente le irritaba, así que el pastor la llevó a la oficina y le dijo: «Si realmente no le gusta y le molesta, córtela». Le dio unas tijeras para que pudiera hacerlo, pero ella no creía que fuera verdad lo que le estaba diciendo. «¿De veras pastor?» Él contestó que sí, que lo hiciera y lo hizo, entonces el pastor le dice: «Ahora saque su lengua». Ella le pregunta: «¿Para qué quiere que saque mi lengua?» «Pues para cortársela puesto que a mí tampoco me gusta su lengua». Por supuesto que no se la cortó, pero en muchas ocasiones peleamos por cosas equivocadas, por cosas que realmente no valen la pena. Recuerde, antes de criticar analice si realmente el asunto es digno de considerar.

Su meta al ofrecer la crítica no es ganarles sino ganárselos.

3) Hable con la persona correcta.

Cuando quiero criticar algo, ¿voy con la persona a la que tengo algo que decirle o voy con alguien más para criticar a la persona? Por lo regular, la gente acude a terceras personas que no tienen nada que ver con el asunto de la crítica, sencillamente andan en busca de aliados para defender sus acciones. Nunca va a lograr nada si va a la persona equivocada, vaya con la persona correcta. Si de todas maneras acude a otra persona, que sea para pedir consejo y saber cómo tratar con la situación.

4) Cuando critique, sea específico.

Si usted tiene una crítica que ofrecer, sea específico, esté seguro que ellos entienden lo que usted está diciendo. Muchas veces vamos a la persona y usamos frases tales como: «Lo que me hiciste, tú sabes de lo que te estoy hablando…». No dé tantas vueltas, sea directo pero con amor, franco pero no grosero.

5) No ataque a la persona, sino al problema.

No sea tan duro con los que le rodean. A veces conocemos a personas que viven de una manera intachable durante años, pero por un error los condenamos para siempre. Cuando usted haga una crítica nunca lo tome como algo personal, sino sea objetivo y vea el problema en lugar de ver a la persona.

6) Sea creativo, y si no puede, mejor no critique.

Lo que estoy tratando de decirle en este punto es que no solo venga con la crítica, sino acompáñela de consejos, respuestas y hasta sugerencias para solucionar el problema. Hay personas que quieren causar destrucción en lugar de construir.

7) Fíjese en usted antes de criticar a otros.

Pregúntese en cuanto al asunto que estoy criticando, ¿estoy seguro que no es un defecto en mi propia vida? Por ejemplo, si yo voy a criticar a alguien por llegar tarde, la puntualidad debe caracterizar mi estilo de vida. Antes de dar cualquier opinión sobre la vida de alguien debemos analizar nuestra propia vida.

Y lo más importante, la crítica no es el estilo de Dios, la crítica entró en este mundo junto con el pecado, por eso es tan importante saber darla y saber recibirla.

Si usted quiere tener poder para hacerle frente a la crítica cada vez que sea criticado,

1) Comprenda la diferencia entre crítica constructiva y destructiva.

2) No se tome a sí mismo muy en serio.

3) Cuide su actitud cuando es criticado.

4) Manténgase en buena condición física y espiritualmente.
5) No vea tan solo al que critica, vea a la gente.
6) Espere que el tiempo le dé la razón.
7) Váyase por el camino más alto.

Si usted quiere ofrecer una crítica constructiva:
1) Examine sus motivos.
2) Determine si el asunto es digno de crítica.
3) Hable con la persona correcta.
4) Cuando critique, sea específico.
5) No ataque a la persona, sino al problema.
6) Sea creativo, y si no puede, no critique.
7) Fíjese en usted antes de criticar a otros.

Solamente así podremos tener el poder necesario para hacer frente a la crítica.

CAPÍTULO 5

Poder para hacerle frente a las dudas

Números 13.25-33

Quisiera comenzar este capítulo haciendo énfasis en este pasaje que acaba usted de leer. Creo firmemente que Dios a través de las edades ha tratado de bendecir a su pueblo, de bendecirle a usted y de bendecirme a mí, tal como sucedió en el capítulo 13 del libro de Números. Él había preparado un lugar para su pueblo, una tierra que fluía leche y miel, pero muchas veces, así como sucedió en este pasaje con la nación de Israel, por nuestras dudas y desconfianza en el poder de Dios no podemos lograr u obtener lo que Dios desea. Ese fue el caso de esta generación entera que no pudo entrar a la Tierra prometida. Sin embargo, yo sé que si el día de hoy le preguntará: ¿Usted cree que Dios abrió el Mar Rojo? ¿Usted cree que Dios hizo que cayera maná del cielo por cuarenta años? ¿Usted cree que Dios le dio a Israel la Tierra prometida sin ningún costo financiero? Incluso puedo preguntarle si usted cree que Cristo levantó a Lázaro de los muertos. Su respuesta ¡sin lugar a dudas va a ser un «sí»! Sí, Dios suplió la necesidad económica, material y física de Israel durante cuarenta años, pero si le pregunto: ¿Cree que Dios puede abrir **su** «Mar Rojo»? ¿Cree que Dios puede sanarle o suplirle una necesidad física, emocional, material, económica, financiera o familiar? Es ahí que empezamos a dudar, tal vez dirá: «Bueno, quizás lo pueda hacer con esta o aquella persona, con este joven o aquél, ¿pero conmigo? No lo creo, ¡la verdad es que no lo creo!» En ese instante entra la duda y estamos poniendo el obstáculo principal que evita que las bendiciones que dice la Biblia, y que tenemos en Cristo Jesús, lleguen a nuestra vida.

La gente anda por este mundo dudando de todas las bendiciones, de todas las misericordias y de todo lo que Dios tiene para nosotros. Podemos creer que Dios se lo dio a fulano de tal, pero no a mí; podemos pensar y hasta orar por tal o cual persona, para que Dios lo sane, lo salve y le dé bendiciones, pero no por mí. A mí no me suceden esas cosas. En la mayoría de las ocasiones estamos viviendo limitados bajo la sombra de la duda. Por esta razón quise incluir este capítulo porque sé que como hijos de Dios tenemos el poder para hacerle frente a las dudas. Quiero compartirles una frase de Franklin Roosevelt: La única limitación a nuestra realización de los sueños del mañana, serán nuestras dudas de hoy.

Es decir, si usted no se realiza el día de mañana o sus sueños nunca llegan a consolidarse como una realidad, es porque *hoy* optó por dudar.

> *La única limitación a nuestra realización de los sueños del mañana, serán nuestras dudas de hoy.*

Cuántas veces le hemos pedido a Dios de la siguiente manera: «¡Señor cambia a mi esposo, a mi hijo!» Pasa el tiempo y no vemos la respuesta y concluimos diciendo: «¡Ah, ya sabía que Dios no iba a hacerlo!» La mitad del tiempo tenemos confianza en Dios y la otra mitad desconfiamos porque nos estamos viendo a nosotros mismos y las circunstancias, viendo las experiencias de otros y optamos por ya no «molestar» más a Dios. Mi meta en este capítulo es llevarle a través de esta historia relatada en Números 13, cuando los doce espías fueron a la Tierra prometida, y cuando diez de ellos regresaron y dijeron «¡no podemos entrar!», mientras que dos de ellos dijeron «¡sí se puede!» No olvidemos que estos diez espías sirvieron de obstáculo para que más de dos millones de personas no recibieran las bendiciones que Dios les tenía preparadas. Por eso quiero que podamos relacionar esta historia con su vida y con la mía a través de cinco observaciones que nos ayudarán a tener el poder para hacer frente a las dudas.

1. Los diez espías experimentaron lo mismo que los dos espías que tuvieron fe.

Y volvieron de reconocer la tierra al fin de cuarenta días. Y anduvieron y vinieron a Moisés y a Aarón, y a toda la congregación de los hijos de Israel, en el desierto de Parán, en Cades, y dieron la información a ellos y a toda la congregación, y les mostraron el fruto de la tierra. Y les contaron, diciendo: Nosotros llegamos a la tierra a la cual nos enviaste, la que ciertamente fluye leche y miel; y este es el fruto de ella. (Números 13.25-27)

Las personas que dudan tienen las mismas experiencias que las personas que tienen fe, aunque normalmente pensamos que aquellos que dudan constantemente fueron menos privilegiados que los que tienen fe. O pensamos que tal vez se comportan así porque han sido muy desafortunados. La verdad es que no son las experiencias las que nos hacen dudar de Dios. Es la actitud con la que tomamos las cosas, ya que aunque muchas personas viven las mismas experiencias, cada quien reacciona de diferente manera. En este pasaje vemos que al entrar a la Tierra prometida, todos fueron con la misma misión, fueron a los mismos lugares y pasaron por los mismos eventos, entonces podemos concluir que todos tuvieron la misma experiencia. Diez de ellos regresaron con una actitud negativa, con una actitud de duda que decía «no se puede», y solo dos dijeron «sí se puede». Esto nos demuestra que en la mayoría de las ocasiones no son las circunstancias que nos rodean las que nos hacen dudar de Dios, es nuestra decisión, es nuestra propia fe.

Qué pesimista, ¿no cree usted? La mayoría de nosotros pensamos que las personas que tienen buenas experiencias en la vida son personas positivas, y por el otro lado las personas que tienen experiencias amargas en la vida suelen ser personas negativas. No obstante, déjeme decirle que las experiencias, su experiencia y mi experiencia no tienen nada que ver con nuestra manera de ver la vida. He podido observar, y estoy seguro de que usted me dará la razón, que muchas personas que gozan de una posición social alta son infelices, viven con depresión y negativismo, y en ocasiones hasta terminan quitándose la vida. Por otro lado, conozco gente pobre que gana apenas el salario mínimo y son muy felices. Esto es así porque su felicidad, su confianza y su fe no están puestas en las circunstancias que los rodean, sino en Dios, quien suple todas sus necesidades conforme a sus riquezas en gloria, en Cristo Jesús.

2. Los diez espías cambiaron la conversación de lo positivo a lo negativo.

> Mas el pueblo que habita aquella tierra es fuerte, y las ciudades muy grandes y fortificadas; y también vimos allí a los hijos de Anac. Amalec habita el Neguev, y el heteo, el jebuseo y el amorreo habitan en el monte, y el cananeo habita junto al mar, y a la ribera del Jordán. (Números 13.28-29)

Si observa los versículos 25, 26 y 27, se alude a la tierra que fluye leche y miel, y esa tierra es buena, da muchos frutos, es todo positivo. No obstante, mire los versículos 28 y 29. Lo que quiero señalar es que estos diez espías, al igual que las personas que siempre viven en temor, tienen la facilidad de cambiar una buena conversación en una mala conversación. Tienen la habilidad de cambiar o encontrar un problema en cada solución, en lugar de encontrar una solución para cada problema. En estos versículos se muestra cómo pasaron de lo positivo a lo negativo al decir «pero» y «mas», al enfocarse en que el pueblo que vivía allí era fuerte, de gran estatura, eran descendientes de Anac y hablaron de los de Amalec y de todos los enemigos. Es decir, empezaron a enfocarse en todo lo negativo, son personas que nunca ven lo bueno, que se niegan a darse cuenta de todo lo que Dios tiene para ellos. Pueden creerlo en otra persona, en otra familia o en otra iglesia, pero para ellos no. Estas son las personas que piensan que Dios no puede ser así de bueno con ellas, y por esta razón viven siempre con dudas.

3. Los diez espías rechazaron el ánimo y la fe de otros.

> Entonces Caleb hizo callar al pueblo delante de Moisés, y dijo: Subamos luego, y tomemos posesión de ella; porque más podremos nosotros que ellos. Mas los varones que subieron con él, dijeron: No podremos subir contra aquel pueblo, porque es más fuerte que nosotros. (Números 13.30-31)

En los versículos 30 y 31 Caleb dijo: «Debemos subir y tomar posesión de ella porque sin duda la conquistaremos». En cambio, los hombres que habían subido con él dijeron «no podemos contra ese pueblo porque es más fuerte que nosotros». Si usted se fija, después de los versículos en los que ellos expresan lo que vieron de un modo negativo, Caleb se para y dice: «Esperen, sí podemos». Empezó a tratar de inyectarles fe, a darles motivación, y a pesar de eso en el versículo 31 dice «pero» y que los hombres dijeron «no podemos, es demasiado grande». Esto nos muestra cómo las personas que dudan siempre rechazan el ánimo y la fe de otros. Ellos han decido vivir siendo negativos y llenos de temores. Otro ejemplo bíblico acerca de esto fue lo que sucedió cuando Jesús resucitó, se manifestó a los discípulos y Tomás no se encontraba con ellos. Cuando él llegó le dijeron: «¡Vino Jesús y estuvo aquí con nosotros y nos animó y nos exhortó!» Tomás dijo: «No lo creo hasta que no lo vea, hasta que vea sus manos y meta mis manos en su costado, yo no voy a creer».

Luego se le presenta Jesús y le dice a Tomás «aquí estoy» y llegamos a la famosa frase de Tomás, «Señor mío y Dios mío». Jesús le dice «ven, mira mis manos y mete tu mano en mi costado» y Tomás dice «creo», entonces Jesús le dice: «¿Crees? Creíste porque viste». Viene entonces una hermosa bendición de parte del Señor, «¡Bienaventurados los que no vieron y creyeron!» Los que no vieron los milagros que Dios hizo pero pueden creer en ellos, son realmente dichosos, y es lamentable pero aun hay muchos que siguen diciendo como Tomás: «Tengo que ver para creer». Esta es la lógica del hombre, pero en la lógica de Dios es diferente: ¡tienes que creer para ver! Creo que debemos andar por fe. Nunca se nos debe olvidar lo que dice la Palabra: «El justo por la fe vivirá». Esa es la vida del cristiano, una vida de fe, no una vida de dudas donde estamos rechazando el ánimo y la fe de otros.

4. Los diez espías exageraron y pusieron temor en otras personas.

> Y hablaron mal entre los hijos de Israel, de la tierra que habían reconocido, diciendo: La tierra por donde pasamos para reconocerla, es tierra que traga a sus moradores; y todo el pueblo que vimos en medio de ella son hombres de grande estatura. (Números 13.32)

Lo triste de las personas que dudan, es que no solo ponen temor en ellas mismas, sino que también son capaces de poner temor en otras personas. Fíjese en el versículo 32, ellos dieron un mal informe a los hijos de Israel diciendo: «La tierra por la que hemos ido devora a sus habitantes». Analicemos bien esto, si esa tierra tragaba a sus moradores, ¿por qué ellos regresaron con vida? En segundo lugar dijeron: «*Todo* el pueblo que vimos allá son hombres de gran estatura». ¿No cree usted que eso es un poco exagerado? «Toda la gente que vimos son hombres de gran estatura» ¿Usted cree que *todos* eran grandes? Aunque sí había gente más alta que ellos en la Tierra prometida, no me queda la menor duda que también había personas de más baja estatura, pero ellos exageraron. Por esta razón debemos hablar por fe; ellos, al hablar con duda, exageraron y pusieron temor en aquellos que les escuchaban. Ahora quiero que veamos tres puntos para entender por qué las personas que dudan son peligrosas.

a) Porque la gente cree más rápido en lo negativo que en lo positivo.

La prueba de esto es que el pueblo de Israel no entró a la Tierra prometida. Se olvidaron de que Dios les había abierto el Mar Rojo, que los protegió del ejército de Faraón y que los salvó de las diez plagas de Egipto. Pronto se olvidaron de todo lo positivo. Les llegó el informe negativo y les infundió temor. Por eso la duda es peligrosa.

b) Porque las noticias negativas se exageran con facilidad.

Veamos nuevamente el informe de los diez espías. Ellos dijeron: «Todos los que viven ahí son de gran estatura». Es impresionante la rapidez y la facilidad con que pudieron exagerar.

c) Porque limitan el potencial de la gente.

Los diez espías que dudaron limitaron a todo el pueblo de Israel a que entrara. Ya venían con victorias de antes, venían contentos y gozosos, ¿qué pasó entonces? Escucharon lo negativo y dijeron: «No, no vamos a entrar». Se negaron a estirar su potencial, y como dice en el capítulo 14, se entristecieron y lloraron toda la noche, y dijeron: «¿Para qué nos sacó Jehová de la tierra de Egipto, solo nos trajo a morir en este lugar, y se van a llevar a nuestras esposas y a nuestros hijos, y los van a tomar presos y qué va a pasar con toda esta gente?» Y empezaron ellos a levantar un rollo y medio de excusas, porque los que dudaron se encargaron de eso. Ahora bien, si usted conoce a gente negativa, esa que siempre está dudando, aléjese de esas personas, porque si usted empieza a platicar con ellos, al rato usted también va a pensar como ellos. Ámelos y ore por ellos, pero apártese, porque de lo contrario usted se va a convertir en uno de los diez espías.

5. Los diez espías tuvieron una autoestima muy baja.

> También vimos allí gigantes, hijos de Anac, raza de los gigantes, y éramos nosotros, a nuestro parecer, como langostas; y así les parecíamos a ellos. (Números 13.33)

Mire lo que pasó en el versículo 33, «vimos ahí también a los gigantes, a los hijos de Anac», pero note que son ellos los que están hablando, no los gigantes: «Y a nosotros *nos pareció* que éramos como langostas ante los ojos de ellos». Tampoco crea usted que estaban hablando de langostas marinas, grandes y exquisitas, sino de esos insectos que parecen chapulines y así les pareció a ellos que los miraron. Pasaron de ser el pueblo de Dios y el linaje escogido de Dios, a ser insectos, y sabe que nosotros andamos así como chapulines. Esto es muy común en las personas hoy en día.

Le voy a dar la definición de un pesimista: «Es alguien que ve la tierra que fluye leche y miel, y solo puede ver las calorías y el colesterol, y además dice: "No entro ahí, si entro voy a engordar"».

Sin embargo, no tienen por qué sentirse menos, primero porque son hijos de Dios, segundo porque son humanos, y tercero porque son el pueblo de Dios.

Cuando recién inicié la obra en San Diego, muchas personas negativas me dijeron: «No, aquí en San Diego no se puede, aquí la gente no quiere nada con el evangelio, todos son muy renuentes y nunca vas a tener una iglesia con propósito». Yo en cambio no los escuché, no les hice caso a los que dudaban y ahora puedo mirar la iglesia que pastoreo, ¡qué gran bendición Dios nos ha dado! ¿Por qué? Porque no somos chapulines, somos el pueblo de Dios, real sacerdocio. Amigos, por eso debemos entrar a la Tierra prometida, y si hay gigantes, qué bueno, pues con una piedra basta y no vamos a fallar. Si usted tiene una autoestima muy baja, recuerde que Dios le ha hecho a usted un ser único, así que supérese en su vida cristiana. Pero si usted mismo no lo cree y vive diciendo «yo soy un Don Nadie, soy un perdedor», pues todos lo vamos a creer y cuando le veamos vamos a decir «ahí viene fulano de tal, el Don Nadie». Si usted mismo no tiene una buena estima, entonces ¿quién la va a tener por usted? Tiene que haber un equilibrio, recuerde también que «nadie debe tener más alto concepto de sí que el que debe tener». Debemos buscar la manera de superarnos.

> *Busque la excelencia, porque la excelencia honra a Dios.*

En todo lo que haga, esfuércese por alcanzar la excelencia. Ahora bien, ¿cómo puede ser una persona de fe?

1. Esté dispuesto a pararse solo.

> Entonces Caleb hizo callar al pueblo delante de Moisés, y dijo: Subamos luego, y tomemos posesión de ella; porque más podremos nosotros que ellos. (Números 13.30)

Si usted es una persona de fe muchas veces tendrá que ir en contra de la corriente. Mire el capítulo 13 en el versículo 30: «Entonces Caleb calmó al pueblo delante de Moisés y dijo: Subamos ya a tomar posesión de ella porque sin duda la conquistaremos». Caleb y Josué fueron los únicos agentes positivos, y no solamente ante los diez espías negativos, pues ya esa duda se había apoderado de todo el pueblo, o sea que eran aproximadamente dos millones de negativos. No obstante, Caleb no dudó en mostrar su fe en Dios aunque eso implicaba ir en contra de toda la gente. Él tuvo que pararse solo con su fe en Dios. Y por esa fe en que sí iban a poder, que iban a vencer, que sí alcanzarían lo que Dios había prometido, él y Josué fueron los únicos que entraron a la Tierra prometida. Muchas veces usted va a tener que pararse solo con su fe en Dios, pero no olvides que aunque esté en contra de todo el mundo, aunque esté aparentemente solo, basta con que Dios este con usted. Si Dios está con nosotros, ¿quién contra nosotros?

2. Usted tiene que tener pasión por lo que cree.

> Entonces Moisés y Aarón se postraron sobre sus rostros delante de toda la multitud de la congregación de los hijos de Israel. Y Josué hijo de Nun y Caleb hijo de Jefone, que eran de los que habían reconocido la tierra, rompieron sus vestidos, y hablaron a toda la congregación de los hijos de Israel, diciendo: La tierra por donde pasamos para reconocerla, es tierra en gran manera buena. (Números 14.5-7)

Mire Números 14.5-7. Aarón y Moisés cayeron sobre sus rostros. En este pasaje podemos observar cómo estos hombres se entregaron a la carga que sintieron por pueblo, y Josué y Caleb, que habían ido a la Tierra prometida, rasgaron sus vestiduras. Estos cuatro hombres sintieron esta pasión o carga porque la voluntad de Dios iba a ser detenida, el pueblo no iba a pasar a la Tierra prometida y no iban a alcanzar su potencial.

> **Dios y usted son la mayoría.**

Ahora bien, si hay algo que usted le está pidiendo a Dios, como que su esposo o esposa cambie, o que prospere su trabajo, su negocio, su vida espiritual, cualquier cosa que sea, tiene que sentir pasión y entrega por ella si quiere que Dios le conteste. Si usted no siente carga por esto al punto de entregarse totalmente, entonces Dios no hará mucho. Tenemos que demostrar nuestra entrega. Creo que usted y yo no debemos vivir dudando, ya que la duda es de Satanás, y si usted duda de lo que Dios puede hacer en su vida, en su trabajo, en su familia o en su matrimonio, eso es de Satanás. Dios no honra la duda, ¿lo sabía? Porque el dudar es ir en contra de la confianza en

Dios, y la mayoría de nuestras dudas se deben a que hemos quitado nuestra mirada del Señor y la hemos puesto en cosas y circunstancias que nos rodean. Como Pedro, él caminó sobre las aguas mientras mantuvo puesta su mirada en Jesús, pero de repente empezó a mirar las olas y el viento, y se empezó a hundir solo porque quitó sus ojos de Dios y se enfocó en la experiencia que estaba sintiendo. Sin embargo, lo hermoso de esta enseñanza es que Pedro no se ahogó, él clamó a Dios antes de que se ahogara. Se estaba hundiendo pero no se ahogó, sin embargo muchas veces nosotros sí nos ahogamos, pues aun cuando nos estamos hundiendo no queremos clamar a Dios porque pensamos: «No creo que mi Dios pueda». Muchas personas siguen pensando en «mi Diosito» y «mi gran problema». Tenemos que quitarnos del grupo de los diez espías negativos, y pararnos firmes para decir como Caleb: «Yo tengo el poder para hacerle frente a la duda, mi Dios puede sacarme de cualquier problema».

> *Si no hay pasión por lo que usted cree, no hay respuesta a su necesidad.*

CAPÍTULO 6

Poder para hacerle frente al desánimo

Éxodo 6.1-9

«¡Señor me siento tan mal que es difícil escucharte!» Esta es una experiencia que todos hemos tenido en la vida. En Éxodo capítulo seis se narra la historia de un pueblo que estaba experimentando algo similar. Era un desánimo tan grande que no podían escuchar la voz de Dios a través de Moisés. Recordemos que durante 400 años oraron y pidieron que Dios les ayudara, y en 400 años parecía que sus oraciones no iban a ser contestadas, tantos años pidiendo por su libertad, 400 años pidiendo ser librados de la esclavitud, tal vez no alcanzamos a comprender la magnitud de esto, imagínese 400 años pidiendo por una necesidad. Todas las personas, incluidos usted y yo, hemos pasado por épocas de desánimo, aunque no creo que muchos hayan pasado por un período de 400 años. Sin embargo, nos sentimos tan mal que en esos tiempos es muy difícil escuchar a Dios. Y en ocasiones cuando alguien viene a hablarnos, para recordarnos que Dios nos ama, como que no entramos en razón ni en lógica alguna, incluso en algunas ocasiones hemos contestado: «Sí, yo sé que Dios me ama, pero ahora me siento tan mal que no quiero que me hablen de Dios, es lo último que quiero oír porque mira cómo estoy ahora, ¡mira cómo me siento!» Quiero decirle que esto es algo real, algo común, algo humano que no podemos cambiar a menos que Dios esté de nuestro lado. Déjeme compartirle cinco cosas que he aprendido sobre el desánimo:

1. Todos nos desanimamos.

Estoy convencido que en la vida no hay ninguna persona que pueda decir «viví 50 años y nunca me desanimé», ni siquiera alguien que pueda decir «tengo 40 años y nunca me he desanimado». A menos que viva solo en un paraíso, pero aun ahí llegará el momento en que se aburrirá y se desanimará, y llegará al punto de decir «¿y ahora qué hago?» Definitivamente, todos llegamos a un período de desánimo y desaliento en la vida.

2. El desánimo es contagioso.

¿Cuántos de nosotros hemos sido desanimados por una persona desanimada? Cuando la persona es contagiada con el desánimo eso daña su estima propia, causa que la persona se vea a sí misma como menos de lo que es en realidad, hace que la persona huya de sus responsabilidades, que la persona culpe a otros por la situación en que se encuentra, y que la realidad de las cosas se deteriore. Por esa razón, si nosotros descuidamos un poco nuestra vida espiritual, en la lectura de la Palabra y la oración, y nos acercamos a la gente dura y desanimada tratando de animarlos, lo más seguro es que usted será llevado por la corriente y va a terminar desanimado, porque *el desánimo es una enfermedad emocional contagiosa.*

3. El desánimo evita que seamos eficaces para Dios.

Este es el principal motivo por el cual estoy compartiéndoles esto, porque el desánimo nos impide ser eficaces para Dios.

Muéstreme a una persona desanimada y le mostraré a una persona que no está viviendo el propósito de Dios en su vida. Es alguien que no solo se niega a vivir su propósito, sino que ni siquiera quiere saber que tiene un propósito por el cual vivir. No quiere trabajar, no quiere acudir a ciertos compromisos o eventos que tiene, no tiene una razón para cantar, sencillamente no quiere hacer nada porque vive desanimada, ¿cuántos de ustedes han visto a una persona desanimada que sea activa? No la hay.

Incluso pregúntele a un empresario, a un patrón o a un pastor si usaría a una persona desanimada para algo. Tal vez la teoría de alguno será «póngalo a trabajar para que se anime», pero definitivamente yo soy de los que creo que primero se anime para que lo ponga a trabajar. He notado que el poner a una persona desanimada en un cargo, lo único que logra es que si no sale de ese desánimo, desanima a todo el grupo con el que está trabajando porque nos olvidamos que el desánimo es contagioso. Por eso el diablo siempre quiere desanimar a la persona, desviarlo de su ruta, de su mira, de su propósito, el cual lleva en Cristo Jesús. ¿Por qué? Porque él sabe que si llega a lograr el desánimo en una persona, va a lograr que esa persona abandone todas las cosas que tiene por delante, como la iglesia, la familia, su fe, su ministerio y hasta la misma vida. ¿Sabía usted que *la herramienta más utilizada por Satanás es el desánimo?* El diablo sabe que si llega a desanimarle él va a ganar esta batalla, así que si usted se siente desanimado, ¡ánimo! ¡Salga de ese desánimo porque Dios tiene algo precioso para su vida!

Cuando el desanimo llega a la persona lo primero que hace es impedir que sea eficaz para Dios y que le sirva a Dios, hay una frase que dice: «Ni Dios ni el hombre pueden usar a una persona desanimada».

4. El desánimo es la causa más grande de una pérdida temporal de la perspectiva.

No es la única causa, pero sí es la causa más grande de una pérdida temporal de la perspectiva. Cuando una persona está desanimada es común que pierda la perspectiva, que pierda la visión y el propósito. Una persona desanimada puede perder su perspectiva de Dios, simplemente ya no le tiene confianza a Dios, ya no tiene fe en Dios. ¿Por qué? Porque se ha desilusionado, está desanimado y perdió esa perspectiva en Dios, y no solo en Dios sino en la misma vida, se encierra y no hay nadie que lo ayude a menos que Dios haga un milagro. Incluso mucha gente pierde su propósito en la vida y piensa: «Yo no sé para qué Dios me trajo aquí», o pierden su propia identidad, «no sé quién soy». ¿Sabe lo que pasa? Cuando el desánimo llega a nuestra vida, nos hace perder la perspectiva y la visión que tenemos y de quiénes somos en Cristo Jesús.

5. Muchas veces el desánimo viene antes de la bendición de Dios.

Es una verdad bíblica, muchas veces *la hora más oscura es un poco antes del amanecer*. Es posible que la hora más oscura de su vida pueda ser un poco antes que el amanecer, el alba y la aurora llegue. Ahora veamos Éxodo capítulo seis. Podemos leer sobre el pueblo de Israel que era esclavo en Egipto, pero mire lo que dice en el versículo 9:

> De esta manera habló Moisés a los hijos de Israel; pero ellos
> no escuchaban a Moisés a causa de la congoja de espíritu, y de
> la dura servidumbre.

Ellos no escucharon a Moisés a causa del desaliento y de la dura servidumbre. ¿Por qué los israelitas se sentían mal, tan mal que no podían escuchar a Dios, que no podían creerle a Dios? ¿Por qué había esto en ellos y por qué estaban pasando por esta etapa? Quiero darles cuatro respuestas acerca de esto.

1. Porque la situación de ellos parecía estar sin esperanza.

La situación de los israelitas parecía estar sin esperanza, y ninguna otra cosa lo llevará al desánimo mas rápido, que el estar en una situación sin esperanza, mire conmigo.

Jehová respondió a Moisés: Ahora verás lo que yo haré a Faraón; porque con mano fuerte los dejará ir, y con mano fuerte los echará de su tierra. (Éxodo 6.1)

Lo que Dios tuvo que pronunciar «con mano fuerte», se debió a que la situación era tan difícil, mejor dicho imposible, para el razonamiento humano, para la habilidad humana, que solo con la mano de Dios podrían ser librados. Por eso es que Israel durante 400 años había perdido toda esperanza, ya no había solución para ellos. Así que, Dios tuvo que garantizarles que ya no iba a ser por la fuerza de ellos, por su habilidad, por su sabiduría ni por su fuerza, lo que Dios les estaba diciendo era: «Por mi fuerza, él os dejará ir».

En realidad, humanamente hablando, ellos estaban en una circunstancia sin esperanza. No es de extrañar que por eso estuvieran tan desalentados. En muchas ocasiones hoy día nos desanimamos, porque el problema es más grande que nosotros y más grande que nuestra situación, pero Dios puede dar esperanza cuando ya no la hay. El problema es que vemos la situación más grande que a Dios mismo, y por consecuencia nos llegamos a sentir tan mal.

2. No habían experimentado la liberación de Dios.

Ellos habían escuchado sobre el Dios que libera, pero nunca durante esos 400 años habían experimentado la liberación de Dios, en el versículo tres dice:

Y aparecí a Abraham, a Isaac y a Jacob como Dios Omnipotente, más en mi nombre JEHOVÁ no me di a conocer a ellos.

Si usted observa, Dios dice: «Y aparecí». Definitivamente ellos sabían que se le apareció a Abraham, a Isaac y a Jacob como Dios poderoso pero ellos querían saber dónde estaba ese Dios Todopoderoso, ya que no se les había aparecido a ellos. En muchas ocasiones tampoco nosotros hemos experimentado que Dios es real y que existe. Tal vez lo podemos ver en la vida de alguna persona que Dios sanó, o restauró, y nos sentimos mal porque muchas veces no lo experimentamos en nosotros. De igual manera, los israelitas estaban sintiéndose mal porque no habían vivido en su experiencia la liberación de Dios.

3. El problema de ellos había durado muchos años.

Asimismo yo he oído el gemido de los hijos de Israel, a quienes hacen servir los egipcios, y me he acordado de mi pacto (v. 5).

El desánimo se había apoderado de ellos porque su problema había durado muchos años. Esta nación había vivido ya 400 años en esclavitud. Israel nació siendo esclavo y por muchos años gimió y rogó a Dios por una libertad que parecía que no llegaría.

Es como si usted naciera con un problema o una enfermedad congénita, o tuviera un mismo problema durante cuatro o cinco años, realmente se nos hace muy largo todo ese tiempo. Ahora imagínese 400 años, a ellos se les había hecho muy largo el problema y por eso no podían confiar en Dios.

4. Estaban física y emocionalmente cansados.

Los israelitas estaban física y emocionalmente cansados. Examine conmigo el versículo nueve:

De esta manera habló Moisés a los hijos de Israel; pero ellos no escuchaban a Moisés a causa de la congoja de espíritu, y de la dura servidumbre.

Ellos no escucharon, ¿por qué? Algunos de nosotros hemos experimentado esto. Hemos estado tan cansados física y emocionalmente que no queremos ni levantarnos a apagar el despertador. Ahora recordemos que ellos estaban viviendo una situación agotadora tanto física como emocionalmente. El hecho de ser esclavos durante tantos años los había llevado a un punto de cansancio tal, que ya ni siquiera estaban interesados en escuchar la voz de Dios.

Ahora quiero compartirle algunas lecciones importantes que podemos aprender de Éxodo 6.

1. Dios sana y escucha a aquellos que están sufriendo.

> Asimismo yo he oído el gemido de los hijos de Israel, a quienes hacen servir los egipcios, y me he acordado de mi pacto.

Nuevamente observe el versículo cinco, Dios es quien dice «yo he oído el gemido de los hijos de Israel y me he acordado de mi pacto». Uno de los pactos que Dios había hecho con ellos, y aún sigue haciendo con nosotros, es que Él es el Dios que sana, que redime, que levanta, que sostiene al débil, que sostiene los pies y las rodillas paralizadas. Él es quien sana y escucha. No importa qué tan mal pueda sentirse, Dios tiene la habilidad de escuchar y sanar a todos aquellos que están sufriendo. El pueblo de Israel estaba pasando por mucho dolor, y cada vez que ellos oraban a Dios, el Faraón ponía mas presión sobre ellos. La situación era tan desalentadora que cuando llega Moisés a decirles que Dios les había escuchado, ellos no lo creyeron. Moisés les dijo: «Dios ya les escuchó, Dios va sanar, Dios va a contestar». Sin embargo, la actitud de ellos fue de incredulidad ya que como estaban tan desanimados cuando llegaron las buenas nuevas no quisieron recibirlas.

Al igual que el pueblo de Israel, nosotros también fallamos en creer y sentir la ayuda de Dios porque incurrimos en alguno de estos cuatro problemas.

a) Podemos tener un problema de dolor.

Puede ser un dolor físico o emocional. Usted puede estar enfermo emocionalmente pues gente cercana a usted —cónyuge, hijos, familiares— le han lastimado y ya no aguanta más, ya no cree en la gente, ya no cree ni en Dios mismo. Cuando tenemos muchos dolores nos enfocamos más en ellos que en otros aspectos de la realidad. Conozco mucha gente que vive así, pensando todo el tiempo en su situación, y enfocándose en sus dolores es lo que llama su atención y por eso muchas veces ya no quieren escuchar a Dios.

b) Podemos tener un problema de tiempo.

Otras veces no escuchamos a Dios porque el tiempo no es el correcto, no estamos listos, no estamos en la posición o disposición que Él quiere. Es decir, no estamos preparados ni emocional ni espiritualmente. Todos queremos el milagro de Dios hoy y queremos que El Señor obre, pero muchas veces no nos ponemos en la condición que Él quiere que estemos. Dios tiene su tiempo, y en Su tiempo usted tiene que estar listo para recibir el milagro. Era el tiempo de Dios de libertar a Israel y Él dijo: «Voy a ayudarte, voy a sanarte, voy a escucharte y voy a liberarte». Ellos dijeron «no, no creemos». No estaban en el tiempo correcto del Señor.

c) Podemos tener un problema de actitud.

En otras ocasiones, la gente no siente la ayuda de Dios porque tiene un problema de actitud. Yo creo que su actitud determina su altitud, y hay muchas personas con una actitud pésima. A veces la única actitud que llevamos en nuestro cerebro consiste en puras quejas y puros lamentos. Muchas veces Dios trata con nosotros de cierta manera y nos enojamos con Él, reaccionamos hacia Dios de una manera negativa. Voy a compartirles una frase: «Dios escoge por lo que vamos a pasar, nosotros escogemos cómo vamos a pasarlo».

Es fácil de entender, Dios escoge por lo que vamos a pasar porque Él conoce su camino, su destino. Él conoce su vida pero usted escoge el «cómo» va a pasar por ese camino. De usted depende, usted escoge su actitud ante la vida, ante el desaliento y ante la prueba. La mayoría de las personas simplemente se quejan de Dios,de la iglesia, de la familia, y viven de queja en queja en lugar de estar de gloria en gloria. Esto ocurre porque no tenemos una correcta actitud. ¿Sabe lo que es la actitud? *La actitud es un reflejo de cómo me estoy sintiendo por dentro.*

d) Podemos tener un problema de fe.

Muchas veces no podemos creer que Dios puede ayudarnos. Quizá llevamos orando muchos años por una cosa, un evento, un cambio, y cuando Dios lo hace decimos «no, no lo creo». Un ejemplo de esto lo tenemos en Hechos 12. Pedro estaba en la cárcel y los hermanos estaban orando, intercediendo por Pedro:

> **«Dios escoge por lo que vamos a pasar, nosotros escogemos cómo vamos a pasarlo».**

«Señor libera a Pedro, sácalo de la cárcel». Estaban reunidos orando en un hogar cristiano, de repente Pedro sale libre, Dios lo pone en libertad, y el ángel lo deja en la calle y le dice «busca a las personas que han estado orando por ti». Pedro llega a la casa donde están orando y una jovencita abre la puerta, ve que es Pedro y vuelve a cerrar, entra corriendo y les dice a todos las personas que estaban orando: «Es Pedro, esta allá en la puerta». Ellos le contestan «estás loca, no puede ser porque apenas estamos orando por esto, no es posible que nos haya contestado tan pronto». No le creyeron porque en realidad no le creían a Dios. Muchas veces usted y yo pasamos por lo mismo. Estamos orando por un milagro de Dios, que Dios me sane, que Dios me aliente, que Dios me afirme, que Dios me ponga, que Dios me quite, y a la hora de la verdad cuando Él dice «lo voy a hacer», le decimos «no te creo». Entonces, ¿para qué oramos? Muchas veces tenemos un problema de fe, por eso no sanamos y por eso no podemos escuchar a Dios. *El límite del hombre es el principio de Dios.*

2. Nuestros problemas hacen posible que conozcamos mejor a Dios.

¿Cuántos han conocido mejor a Dios a través de sus problemas? Yo sí lo he experimentado, a veces cuando el problema es más grande que Abel, digo: «Señor, si tú no me salvas, voy a perecer, ¡voy a morir!» Me encanta lo que dice Éxodo 6.3:

«Y aparecí a Abraham, a Isaac y a Jacob como Dios Omnipotente, mas en mi nombre JEHOVÁ no me di a conocer a ellos».

«Ellos me conocieron en otra etapa», es lo que Dios está diciendo: «Yo fui conocido como el poderoso, pero ahora estoy por revelarle a mi pueblo algo nuevo, voy a revelarme a mí mismo a esta nación de una manera que nunca ha estado disponible al hombre, voy a ser *amigo* de ellos, me van a conocer ahora por mi nombre. Antes me conocieron como «Yo soy el que soy», El–Shadai, el poderoso, pero no sabían ni cómo se llamaba Dios. Ahora voy a ser Señor, Adonai, Yahvé, voy a ser eso para ellos». En otras palabras: «La incredulidad pone nuestras circunstancias entre nosotros y Dios, la fe pone a Dios entre nosotros y nuestras circunstancias».

La mayoría de estas revelaciones vienen en los tiempos difíciles, así que en cada problema en lugar de desalentarnos debemos:

a) Buscar y escuchar lo que Dios nos está enseñando.

b) Optar por hacer de este tiempo difícil en su vida un tiempo de crecimiento.

c) Enfocarnos en Dios y no en nuestros problemas.

d) Ponernos en acción ahora mismo.

Si hacemos esto, tendremos el poder para hacerle frente al desánimo.

> **«La incredulidad pone nuestras circunstancias entre nosotros y Dios, la fe pone a Dios entre nosotros y nuestras circunstancias».**

CAPÍTULO 7

Poder para hacerle frente al rechazo

Quiero hablar en este capítulo sobre el rechazo, ya que normalmente el ser rechazado nos hace más difícil confiar en Dios. Proverbios 18.14, dice:

El ánimo del hombre soportará su enfermedad; mas ¿quién soportará el ánimo angustiado?

El espíritu del hombre puede soportar cualquier enfermedad, pero el espíritu quebrantado ¿quién lo puede sobrellevar? Si menciono esto es porque nada daña más el ánimo y el espíritu del hombre que el ser rechazado. El pasar por algún rechazo en la vida quebranta el espíritu. Puedo afirmar que todos sin excepción hemos sido rechazados en alguna ocasión, y hemos pasado por alguna etapa en nuestra vida que no quisiéramos recordar. Tal vez esté pensando en este momento: «¡No, yo nunca he sido rechazado!» O tal vez piense: «¡Soy un rechazo andante!» Sea cual sea su situación, quiero compartirle algunos síntomas del rechazo, para que usted pueda analizar si ha sido lastimado o está siendo lastimado por algún rechazo.

a. ***Fácilmente nos lastimamos:*** Estamos tan sensibles, que cualquier cosa que nos digan o nos hagan nos afecta. Todo lo tomamos muy personal.

b. ***Una auto imagen muy deficiente:*** Nos vemos al espejo y pensamos «no soy nadie», si nos piden hacer algo, pensamos que no somos capaces de hacerlo. Nuestra imagen personal es insignificante.

c. ***Sospechamos de otras personas:*** Pensamos que todos están hablando mal de nosotros. «Nadie me quiere», ¿ha escuchado esto alguna vez?

d. ***Nos aislamos de otras personas:*** En otras palabras, nos retiramos de la gente y nos hacemos de rogar. Todo esto porque estamos heridos y empezamos a levantar murallas, hacemos nuestra propia isla para protegernos pues no queremos que nadie nos lastime. Todo esto es un claro síntoma del rechazo.

e. ***Fracasamos en confiar en Dios:*** Una persona con rechazos en su vida tiene una gran dificultad para confiar en Dios. En consecuencia, su caminar en esta vida se torna difícil, viviendo siempre con altibajos.

Con las personas que viven sintiéndose rechazadas, mientras su entorno sea favorable, todo anda bien, pero ante cualquier adversidad, por muy pequeña que sea, todo se vuelve negativo y todo lo toman de una manera personal.

Un concepto importante que fácilmente se nos olvida es que somos seres humanos imperfectos, y que así como nosotros en algún momento hemos lastimado o rechazado a alguien, nos van a lastimar y a rechazar.

Déjeme compartir un excelente ejemplo que nos ofrece la Biblia acerca de alguien que experimentó el rechazo, y ver en este caso algunos principios que pueden servirnos para poder vencerlo.

Estoy hablando de Moisés, quien nació en un tiempo muy difícil para su nación. El pueblo judío se había multiplicado de tal manera que significaba ya un peligro para el pueblo egipcio. Por esta causa, Faraón ordenó matar a todo niño judío, y la madre de Moisés, para protegerlo, lo escondió durante tres meses. Sin embargo, cuando no pudo esconderlo más, lo puso en una canasta en el río, es ahí donde la hija de Faraón lo encuentra y lo adopta como su hijo. Moisés crece y se aflige por la condición de esclavitud de sus hermanos hebreos, así que en cierta ocasión por defender a un hermano de raza, mata a un egipcio y oculta su delito. Sin embargo, un día ve a dos hebreos discutiendo y quiere corregirlos, pero estos le contestan: «¿Quién te puso a ti por juez? ¿Acaso vas a matarnos como hiciste con el egipcio?» A partir de este momento, Moisés tiene que huir por su vida, dejar su nación y experimentar el rechazo, tanto del pueblo egipcio como del pueblo judío, pues a pesar de haberse puesto como su defensor, también le había rechazado.

Ahora Moisés estaba en el desierto y es ahí donde Dios se le aparece en una zarza ardiente. Leamos Éxodo 3.6-12:

Y dijo: Yo soy el Dios de tu padre, Dios de Abraham, Dios de Isaac y Dios de Jacob. Entonces Moisés cubrió su rostro, porque tuvo miedo de mirar a Dios. Dijo luego Jehová: Bien he visto la aflicción de mi pueblo que está en Egipto y he oído su clamor a causa de sus exactores; pues he conocido sus angustias, y he descendido para librarles de mano de los egipcios, y sacarlos de aquella tierra a una tierra buena y ancha, a tierra que fluye leche y miel, a los lugares del cananeo, del heteo, del amorreo, del ferezeo, del heveo y del jebuseo. El clamor, pues, de los hijos de Israel ha venido delante de mí, y también he visto la opresión con que los egipcios los oprimen. Ven, por tanto, ahora, y te enviaré a Faraón, para que saques de Egipto a mi pueblo, los hijos de Israel. Entonces Moisés respondió a Dios: ¿Quién soy yo para que vaya a Faraón, y saque de Egipto a los hijos de Israel? Y él respondió: Ve, porque yo

estaré contigo; y esto te será por señal de que yo te he enviado: cuando hayas sacado de Egipto al pueblo, serviréis a Dios
sobre este monte.

Cuando pasamos por algún rechazo, al igual que Moisés,
tenemos la tendencia de empezar a poner excusas en el momento en que Dios empieza a tratar con nosotros. Analicemos
cuatro excusas que Moisés presentó después de que Dios habló con él.

1. ¿Quién soy yo?

Entonces Moisés respondió a Dios: ¿Quién soy yo para que
vaya a Faraón, y saque de Egipto a los hijos de Israel? (Éxodo
3.11)

La excusa de Moisés al decir «¿quién soy yo?» revelaba que
tenía un problema de capacidad. Si usted observa, Dios le
hace una promesa en el versículo 12: «Yo estaré contigo». Con
esto Dios nos enseña dos cosas importantes que nunca debemos
olvidar:

> **Cuando hemos sido rechazados tendemos a enfocarnos en nosotros mismos y no en Dios.**

Primero, Dios quiere usar-
me sin importarle mi pasado.
Al hablar el Señor con Moisés,
este último revela su sorpresa
ante la noción de que Dios quisiera utilizarlo. ¿Es que acaso
Dios no sabía lo que él había
hecho? ¡Por supuesto que sí! Y
Él también conoce a perfección
su pasado, pero eso no impide
que Él quiera y pueda usarle.

Segundo, cuando Dios ha-
bla, mi enfoque debe estar en
Él.

Nuevamente vemos a un Moisés que cuando Dios le dijo «¡quiero usarte!» responde con un «¿quién soy yo?» En otras palabras, en lugar de enfocarse en el poder y la gracia de Dios, se enfocó en él mismo. ¿Acaso Dios había olvidado que a Moisés nadie lo quería, que era un rechazado de su pueblo? Nuestra tendencia natural es sentirnos insuficientes, y al enfocarnos en lo que no podemos hacer perdemos el enfoque correcto en Aquel que todo lo puede y que es quien lo hará a través de nosotros. Déjeme compartir una frase con usted: «Sin mi, Dios no lo hará; sin Dios, yo no podré».

¿Qué quiero decir con esto? A Dios le ha placido hacer su obra usando a hombres y a mujeres como usted y como yo. Aunque hay ángeles y arcángeles, la obra no les ha sido encomendada a ellos sino a nosotros. Dios nos necesita para llevar a cabo sus propósitos, pero sin Él nada podremos hacer porque a fin de cuentas solo somos las herramientas en sus manos.

> **«Sin mi, Dios no lo hará; sin Dios, yo no podré».**

2. ¿Qué les responderé?

> Dijo Moisés a Dios: He aquí que llego yo a los hijos de Israel, y les digo: El Dios de vuestros padres me ha enviado a vosotros. Si ellos me preguntaren: ¿Cuál es su nombre?, ¿qué les responderé? (Éxodo 3.13)

Moisés tenía un problema de dirección, pero Dios se reveló a sí mismo como un Dios fiel y le dio su plan, la respuesta que Él quería darle al pueblo. Veamos cuatro cosas que Dios quiso comunicarles y aun quiere decirnos a nosotros.

a. Su preocupación

> Y respondió Dios a Moisés; YO SOY EL QUE SOY. Y dijo:
> Así dirás a los hijos de Israel: YO SOY me envió a vosotros.
> Además dijo Dios a Moisés: Así dirás a los hijos de Israel:
> Jehová, el Dios de vuestros padres, el Dios de Abraham, Dios
> de Isaac y Dios de Jacob, me ha enviado a vosotros. Este es
> mi nombre para siempre; con él se me recordará por todos los
> siglos. Ve, y reúne a los ancianos de Israel, y diles: Jehová, el
> Dios de vuestros padres, el Dios de Abraham, de Isaac y de
> Jacob, me apareció diciendo; En verdad os he visitado, y he
> visto lo que se os hace en Egipto. (Éxodo 3.14-16).

En la última parte de este pasaje, Dios está manifestando su preocupación por la situación tan triste que su pueblo vivía en Egipto. Él no estaba ajeno a su sufrimiento. Él quería que ellos supieran que estaba preocupado por lo que estaban sufriendo, y que tenía un plan a fin de librarlos de aquel suplicio. De igual manera, Él se preocupa por usted y por mí en medio de nuestros sufrimientos cuando hemos sido rechazados. Él quiere que sepamos que no es indiferente a nuestra situación. Él se preocupa por nosotros.

b. El potencial del pueblo

> Y he dicho: Yo os sacaré de la aflicción de Egipto a la tierra
> del cananeo, del heteo, del amorreo, del ferezeo, del heveo y
> del jebuseo, a una tierra que fluye leche y miel. (Éxodo 3.17)

Dios les hace una promesa. Él creía en el potencial del pueblo y que ellos podían salir adelante con su ayuda. Cuando alguien confía en nosotros, en nuestras capacidades para hacer cualquier cosa, eso nos motiva a hacer mucho más de lo que antes hacíamos. El Señor, a través de sus promesas, nos reta a hacer diferentes cosas; ya que Él confía en que haremos nuestra parte.

c. La responsabilidad del pueblo

> Y oirán tu voz; e irás tú, y los ancianos de Israel, al rey de Egipto, y le diréis: Jehová el Dios de los hebreos nos ha encontrado; por tanto, nosotros iremos ahora camino de tres días por el desierto, para que ofrezcamos sacrificios a Jehová nuestro Dios. (Éxodo 3.18).

La tercera cosa que Dios les comunicó fue su responsabilidad; en otras palabras, Moisés y el pueblo eran responsables de ir ante Faraón. Dios era quien iba a librarlos, pero ellos tenían que hacer su parte. De igual manera, usted y yo con nuestras heridas y rechazos debemos asumir nuestra responsabilidad para poder salir de nuestro problema. Siempre que enseño, ya sea en mi iglesia o en alguna otra conferencia, digo a los oyentes lo siguiente: «Yo soy responsable hacia ustedes y no por ustedes».

Con esto les quiero decir que ellos tienen que asumir ciertas responsabilidades para hacer o aplicar en sus vidas lo que han escuchado, a fin de poder cambiar.

> **«Yo soy responsable hacia ustedes y no por ustedes».**

d. Un problema

> Más yo sé que el rey de Egipto no os dejará ir sino por mano fuerte. (Éxodo 3.19)

La cuarta cosa que Dios quería decirle al pueblo es que habría problemas. Faraón no iba a dejarlos ir así porque sí, aunque ellos fueran a hablar con él, la única manera en que podrían salir de Egipto sería con mano fuerte. Esto se refería a que solamente con la intervención de Dios mismo podrían ser libres, y ahora permítame aplicarlo a nuestra vida. Hemos vivido problemas y rechazos, y queremos en nuestras fuerzas superarlos, pero déjeme decirle que sin la ayuda de Dios no podremos vivir libres de resentimientos, temores, y muchas otras cosas más que llevamos arrastrando por dentro.

¿Cuáles son las cosas que podemos aplicar a nuestra vida? El plan de Dios siempre incluye dos cosas: la parte de Dios y mi parte. En otras palabras, el Señor trabaja siempre en equipo. Cuando Él ha hecho grandes milagros y sanidades, ha pedido la cooperación de las personas. ¿Qué le dijo al paralítico? «Levántate y anda». Al hombre ciego: «Ve y lávate en el estanque». Definitivamente nosotros tenemos que hacer nuestra parte, y dejar que Dios haga la suya.

3. Ellos no me creerán, ni oirán mi voz

> Entonces Moisés respondió diciendo: He aquí que ellos no
> me creerán, ni oirán mi voz; porque dirán: No te ha apareci-
> do, Jehová. (Éxodo 4.1)

La tercera excusa de Moisés nos revela que tenía un problema de credibilidad. Pensaba que después de tantos años de estar lejos, la gente ya no creería en su palabra. Tal vez tenía razón y por eso el Señor empieza a hacer una serie de señales y prodigios, para hacerle entender a Moisés que la credibilidad que él tendría ante el pueblo no era por sus méritos, sino por el poder y el nombre de Dios. Veamos los versículos del 4 al 9:

> Entonces dijo Jehová a Moisés: Extiende tu mano, y tómala
> por la cola. Y él extendió su mano, y la tomó, y se volvió vara
> en su mano. Por esto creerán que se te ha aparecido Jehová el
> Dios de tus padres, el Dios de Abraham, Dios de Isaac y Dios
> de Jacob. Le dijo además Jehová: Mete ahora tu mano en tu
> seno. Y el metió la mano en su seno; y cuando la sacó he aquí
> que su mano estaba leprosa como la nieve. Y dijo: Vuelve a
> meter tu mano en tu seno. Y él volvió a meter su mano en su
> seno; y al sacarla de nuevo del seno, he aquí que se había

vuelto como la otra carne. Si aconteciere que no te creyeren ni obedecieren a la voz de la primera señal, creerán a la voz de la postrera. Y si aún no creyeren a estas dos señales, ni oyeren tu voz, tomarás las aguas del río y las derramarás en tierra; y se cambiarán aquellas aguas que tomarás del río y se harán sangre en la tierra.

Dios empezó a manifestar su poder para que Moisés entendiera que su credibilidad estaba en el nombre de Dios, y hay dos aplicaciones importantes que podemos ver aquí.

La primera es que las bendiciones de Dios iban a empezar a llevarse a cabo en Egipto. En otras palabras, el poder de Dios en la vida de Moisés no se manifestaría en el desierto ni con el suegro de Moisés, él tenía que regresar a Egipto, tenía que obedecer a Dios e ir al lugar que Él le había mandado. Muchas veces nosotros actuamos igual que Moisés. Queremos ver actuar a Dios pero solo donde nosotros queremos, y no vamos adonde Él nos indica, allí donde realmente está el problema. Él quiere que enfrentemos nuestros problemas para que Él pueda sanarnos y sus bendiciones puedan llegar a nuestra vida.

La segunda es que nuestro temor a fracasar aumentará en relación al tiempo que esperemos antes de empezar de nuevo. Esto quiere decir que mientras más tarde en arreglar el problema, su temor a fracasar irá en aumento, por ello es necesario arreglar el problema lo más rápido posible.

4. Nunca he sido hombre de fácil palabra

Entonces dijo Moisés a Jehová: ¡Ay Señor! Nunca he sido hombre de fácil palabra, ni antes, ni desde que tú hablas a tu siervo; porque soy tardo en el habla y torpe de lengua. (Éxodo 4.10).

Moisés tenía un problema de comunicación. Sabemos que era tartamudo, pero ante esta excusa, Dios le responde en los versículos 11 al 17.

Y Jehová le respondió: ¿Quién dio la boca al hombre? ¿O quién hizo al mudo y al sordo, al que ve y al ciego? ¿No soy yo Jehová? Ahora pues, ve, y yo estaré con tu boca, y te enseñaré lo que hayas de hablar. Y él dijo; ¡Ay Señor! envía te ruego, por medio del que debes enviar. Entonces Jehová se enojó contra Moisés, y dijo: ¿No conozco yo a tu hermano Aarón, levita, y que él habla bien? Y he aquí que él saldrá a recibirte y al verte se alegrará en su corazón. Tú hablarás a él, y pondrás en su boca las palabras, y yo estaré con tu boca y con la suya, y os enseñaré lo que hayáis de hacer. Y él hablará por ti al pueblo; él te será a ti en lugar de boca, y tú serás para él en lugar de Dios. Y tomarás en tu mano esta vara, con la cual harás las señales.

Es cierto, Moisés tenía un problema de comunicación, pero si Dios era capaz de hacer que el ciego viera y el sordo escuchara, ¿cuál era su preocupación? ¿Acaso no era el Señor su Dios? No obstante, para que ya no siguiera poniendo más excusas, Dios le dio un ayudante. Aunque la bendición y el llamamiento eran para él, por tantas y tantas excusas, tuvo que compartirla con su hermano Aarón.

Ahora bien, hay dos cosas importantes que aprendemos de esto.

1) Dios quiere ser nuestra única fuente de poder. Él quiere suplir todas nuestras necesidades, que entendamos que solamente en Él y con Él podremos vencer cualquier rechazo.

2) Nuestro Dios es un Dios paciente. ¿Puede observar cuántas excusas puso Moisés al Señor? Tan solo en esta plática, cuatro de ellas, mas el Señor fue paciente con él.

Quiero que vea conmigo lo que dice Éxodo 4.18-19, ya que creo que estos versículos son claves en este capítulo.

Así se fue Moisés, y volviendo a su suegro Jetro, le dijo: Iré ahora, y volveré a mis hermanos que están en Egipto, para ver si aún viven. Y Jetro dijo a Moisés: Ve en paz. Dijo también Jehová a Moisés en Madián: Ve y vuélvete a Egipto, porque han muerto todos los que procuraban tu muerte»

Observe que en el momento en que Moisés dejó de poner excusas y decidió ir a Egipto, Dios trató con sus problemas. En el versículo 19 dice que habían muerto todos los que procuraban quitarle la vida. ¿Por qué el Señor no le había dicho esto antes? Note que fue hasta el momento en que Moisés decide obedecer al mandato de Dios, que Él le informa que todos aquellos que le habían rechazado y lastimado ya no podrían hacerle daño.

Sin embargo, nosotros vivimos como Moisés, siempre poniendo excusas a Dios. Es más, las tenemos ya listas en paquetes diferentes, déjeme compartirle algunas de las más comunes.

> **Dios está esperando que usted y yo dejemos de poner excusas para que Él pueda trabajar en nuestro problema.**

a. *«Yo no lo hice».* ¿Cuántos de ustedes lo han escuchado alguna vez? Esta fue la excusa que Aarón puso en aquella ocasión, cuando hicieron el becerro de oro. De igual manera, cuando nosotros somos rechazados, nos aferramos a que no lo hicimos, el clásico «yo no fui».

b. *«No está tan mal».* Buscando justificar lo que hicimos, esta es la excusa de aquel hombre a quien su Señor le dio un talento, y que lo enterró: «Mira amo, realmente no estuvo tan mal, no se perdió nada, ¡lo mismo que me diste te devuelvo!» Cuando el propósito de haberle dado ese talento era que lo trabajara y lo multiplicara, él no cumplió con lo que se le mandó, así que solamente pudo excusarse, diciendo que no fue tan malo lo que hizo.

c. *«Sí, pero».* ¿Alguna vez usted ha dicho algo parecido? Normalmente estamos buscando salidas para no afrontar nuestras responsabilidades, optamos mejor por buscarle el «pero» a todo lo que se hace.

Dios quiere que aprendamos a confiar en Él en todas las áreas de nuestra vida para que podamos vencer el rechazo, y al igual que con Moisés, Él tiene respuestas para cada una de las excusas que queramos poner para no confiar en Él. ¿En que área le es más difícil a usted confiar en Dios?

¿En su futuro? *Mateo 6.31-34*

¿Su familia? *Salmos 127.1*

¿Su dinero? *Malaquías 3.8-12*

¿Su salud? *Santiago 5.14-15*

¿Su salvación? *Juan 6.37-40*

Solamente cuando dejamos de poner excusas y decidimos ir donde Dios quiere que vayamos, confiando en su Palabra, es cuando Él tratará con nuestros problemas y nos dará el poder para hacerle frente al rechazo.

CAPÍTULO 8

Poder para hacerle frente al ego

El amor no es jactancioso, no se envanece
1 Corintios 13.4b

En este capítulo quiero hablar acerca del ego, ya que el orgullo es una de las principales causas de problemas en las relaciones, y quise empezar haciendo referencia a lo que nos dice la Biblia en 1 Corintios 13, «el capítulo del amor». El propósito principal de este capítulo es llevarle a usted hasta el punto de decidir quién controlará su corazón, el amor de Cristo o su propio ego.

El orgullo ha destruido familias enteras, matrimonios, amistades, todo por mantener nuestra posición de perfección o por aferrarnos a lo que pensamos que está bien. Puedo decir con seguridad que solamente hay dos cosas que destruyen las relaciones de forma permanente: el orgullo y el egoísmo. De manera sencilla y rápida quiero compartir con ustedes dos cosas acerca del ego.

1. Lo que el orgullo hace a las relaciones

La arrogancia no causa nada, solo problemas. En Proverbios 13.10 se nos dice lo siguiente:

> Ciertamente la soberbia concebirá contienda; mas con los avisados está la sabiduría.

El orgullo es una fuerza destructiva en las relaciones. A continuación vamos a ver cuatro cosas que el ego causa, para que podamos comprender que el ser orgullosos no es algo de lo cual podamos vanagloriarnos.

a. Produce malos entendidos

La persona que tiene problemas con el orgullo piensa que lo sabe todo, que siempre tiene la razón, que nunca se equivoca. Piensa que nadie puede enseñarle nada, y como consecuencia de esto nunca escucha a nadie. Su orgullo le lleva a suponer que todo lo sabe, hasta lo que usted y yo pensamos. Saca sus propias conclusiones y como resultado tenemos malos entendidos. Veamos lo que dice la Biblia al respecto:

> ¡Hipócrita! saca primero la viga de tu propio ojo, y entonces verás bien para sacar la paja del ojo de tu hermano. (Mateo 7.5)

En otras palabras, aprenda a escuchar y a ver sus propios errores. El orgullo nos ciega y no nos deja ver que somos seres imperfectos. Por supuesto, toda la gente que nos rodea está equivocada y todo esto nos lleva a malos entendidos con las personas que nos rodean.

b. Provoca argumentos

Cuando la persona está llena de orgullo, solamente le conduce a discutir y a no entrar en razón. Siempre tendrá algo que argumentar para no reconocer que está equivocada. Usted ha oído de Mohamed Ali, el famoso boxeador de peso pesado quien se caracterizaba por ser un hombre muy orgulloso que siempre se consideró el mejor del mundo. Cuenta una anécdota que en una ocasión cuando viajaba en avión, una aeromoza se le acercó para pedirle que se abrochara el cinturón de seguridad, a lo que él le contesto: «Superman nunca se abrocha el cinturón». La azafata le contestó con perspicacia: «Superman tampoco necesita aviones». En definitiva, tuvo que abrocharse el cinturón. Así somos muchas veces, nuestro orgullo nos hace argumentar con todas las personas, aun en contra de la razón. Siempre tenemos una salida para todo y esto ocasiona irritación y problemas con las otras personas. Veamos lo que nos dice la Biblia en Gálatas 5.26 y Romanos 12.16.

No nos hagamos vanagloriosos, irritándonos unos a otros, envidiándonos unos a otros.

Unánimes entre vosotros; no altivos, sino asociándoos con los humildes. No seáis sabios en vuestra propia opinión.

El orgullo nos lleva definitivamente a malos entendidos y a argumentar en contra de la razón, pero veamos también el tercer aspecto.

c. Evita la intimidad

Nunca podemos acercarnos a las personas orgullosas, ellos ponen un muro de separación frente a todos los que les rodean, paredes que no permiten que nadie se acerque.

Por eso evitan tener intimidad con las personas, poniendo una máscara de arrogancia, pensando que si los conocen bien perderán su imagen de perfección. Sin embargo estas personas lo único que logran con esta actitud es volverse superficiales. Solo quieren quedar

¿Sabe usted qué es lo que realmente hay detrás de la mayoría de las personas orgullosas? El temor a ser rechazados.

bien con todos, y en esa superficialidad, no pueden tener verdadera comunión con los demás. El orgullo es un pecado y mientras permitamos que continúe en nuestra vida no podremos andar en luz. Considere lo que nos dice 1 Juan 1.7-8:

> Pero si andamos en luz, como él está en luz, tenemos comunión unos con otros, y la sangre de Jesucristo su Hijo nos limpia de todo pecado. Si decimos que no tenemos pecado, nos engañamos a nosotros mismos, y la verdad no está en nosotros.

Si decimos que no tenemos orgullo (pecado) solamente nos estamos engañando a nosotros mismos. Así no podremos andar en luz y en consecuencia tampoco podremos tener comunión los unos con los otros.

d. Pospone la reconciliación

A veces debido a nuestro temperamento, hemos cometido errores, que nos han llevado a tener serios problemas. No obstante, todo se solucionaría si reconociéramos que nos equivocamos. Realmente es una tristeza que solo por nuestro orgullo nos mantengamos ahí, y evitamos que pueda haber una reconciliación con la persona a quien hemos lastimado u ofendido y viceversa. A fin de cuentas, ¿quién quiere estar con una persona orgullosa? Por el contrario, evitamos acercarnos y esto pospone la reconciliación. Vea lo que dice Proverbios 28.13: el que encubre sus pecados no prosperará; mas el que los confiesa y se aparta alcanzará misericordia.

Hay dos palabras claves aquí, confesar y apartarse. El que se

> **Mark Twain dijo: «Nuestro temperamento nos mete en problemas, pero nuestro orgullo nos mantiene ahí».**

niega a confesar y apartarse de sus pecados y de su orgullo no prosperará, solamente retardará la reconciliación ya sea con Dios o con los hombres.

Hemos venido hablando de las cosas que produce el orgullo, pero ahora quiero en esta segunda parte hablarle del antídoto para este grave problema humano.

2. El antídoto para el egoísmo

a. Aceptar mi humanidad

Reconocer que no soy perfecto, aún estoy en proceso. Dios todavía está trabajando en mí y aún tengo faltas en mi vida. Vea lo que dice Romanos 12.3:

> Digo, pues, por la gracia que me es dada, a cada cual que está entre vosotros, que no tenga más alto concepto de sí que el que debe tener, sino que piense de sí con cordura, conforme a la medida de la fe que Dios repartió a cada uno.

En otras palabras, véase a sí mismo como Dios lo ve, como un ser imperfecto, y no tenga de usted mismo un concepto más alto del que debe tener. En una ocasión, un congresista estaba en su oficina y escuchó que alguien se acercaba, así que tomo el teléfono y fingió que hablaba con el presidente: «¡Claro, señor Presidente! Oh sí, muchas gracias. Qué bueno que le gustó el presupuesto que le mandé. Oh, no tiene que reconocerme públicamente, ¡sí gracias, gracias! Claro le veré mañana en la reunión». Al colgar el teléfono la persona que había escuchado venir ya se encontraba enfrente de él y le pregunta: «¿En que le puedo ayudar?» El hombre le responde: «Disculpe, vine a conectarle su línea telefónica». ¿A cuántos de nosotros nos ha pasado algo similar? Nuestro problema es que no queremos reconocer que somos humanos, que Dios todavía está trabajando en nosotros y la primera solución para vencer nuestro problema con el ego es aceptar nuestra humanidad.

b. Reconocer la gracia de Dios

¿Qué significa esto? Simple y llanamente que usted y yo no seríamos ni tendríamos nada si no fuera por Dios, ya que todo lo que soy y lo que tengo le pertenece a Él. Me encanta lo que dice 1 Corintios 4.7:

> Porque ¿quién te distingue? ¿o qué tienes que no hayas recibido? Y si lo recibiste, ¿por qué te glorías como si no lo hubieras recibido?

¿Se da cuenta? Todo lo que usted tiene lo ha recibido de Dios. Piense ahora, ¿tiene algo que haya logrado por sus propios esfuerzos? Si somos sinceros, debemos reconocer que si fuera por nosotros mismos no seríamos ni tendríamos nada. El trabajo que usted tiene, así como el coche, la casa, la familia, etc., *todo* proviene de Dios, como dice en Santiago 1.17:

> Toda buena dádiva y todo don perfecto desciende de lo alto, del Padre de las luces, en el cual no hay mudanza, ni sombra de variación.

El segundo paso para vencer nuestro ego es reconocer la gracia de Dios en nuestra vida, y que no tenemos nada por nosotros mismos. Dé al Señor la honra y reconozca que usted no tiene nada de qué gloriarse, ya que todo el crédito es para Él.

c. Experimentar el amor incondicional de Dios

¿De qué manera el amor puede ser un antídoto para el orgullo? Usted sabe que un camión grande, cuando va vacío, hace un gran escándalo en la carretera, pero si el camión está lleno va estable en el camino, y el ruido es mínimo. ¿Por qué digo esto? Una persona, cuando es orgullosa o egoísta, únicamente está indicando el vacío tan grande que tiene por dentro. Por eso usted y yo queremos hacer «ruido» para llamar la atención. Por eso preferimos llamar la atención hablando bien de nosotros, en lugar de quedarnos callados y esperar a que alguien lo haga. No obstante,

hay una solución para este vacío. Mire lo que dice Efesios
3.18-19:

> A fin de que… seáis plenamente capaces de comprender con
> todos los santos, cuál sea la anchura, la longitud, la profundi-
> dad y la altura, y de conocer el amor de Cristo, que excede a
> todo conocimiento, para que seáis llenos de toda la plenitud
> de Dios.

Él quiere que usted y yo comprendamos, sintamos y experi-
mentemos su amor incondicional, aunque no alcancemos a com-
prenderlo. Por eso hemos de quitarnos el ego, ya que solamente
destruye nuestras vidas y la de las personas que nos rodean. Nuestro orgullo no nos lleva a ningún lugar, en cambio la humildad
nos lleva a caminos distantes. La palabra de Dios nos enseña
que el que se humilla será enaltecido pero el que se exalta será
humillado. Esa es la base de la
vida cristiana. Solo cuando experimentamos el amor de Dios en
nuestras vidas somos verdaderamente libres del orgullo, ese orgullo que tal vez ha hecho que
pierda su relación con su hijo o
con su cónyuge. Hemos cometido muchos errores por ser orgullosos, ahora dejemos que el
amor sea más grande que nuestro
egoísmo. Dios quiere tratar con
nuestros corazones, quiere que
en su amor venzamos el orgullo,
vea Malaquías 4.6:

*«El que encubre
sus pecados no
prosperará; mas el
que los confiesa y
se aparta,
alcanzará
misericordia».*

> Él hará volver el corazón de los padres hacia los hijos, y el co-
> razón de los hijos hacia los padres.

Solo el amor de Dios puede restaurar aquellas heridas que

> **Solamente cuando estamos llenos de Dios, no hay lugar para el orgullo.**

el orgullo ha causado. Si usted quiere realmente experimentar esta clase de amor y vencer al orgullo:

1. Acepte su humanidad
2. Reconozca la gracia de Dios
3. Experimente el amor incondicional de Dios

Solamente así tendrá usted el poder para hacerle frente al ego.

CAPÍTULO 9

Poder para hacerle frente a las tormentas

Mateo 14.22-32[5]

Todos en alguna ocasión hemos pasado por alguna tormenta en nuestra vida de una manera u otra. Estas son causadas por diferentes factores. En ocasiones son provocadas por el diablo, por otras personas y otras veces, por uno mismo. Sin embargo, también hay algunas que Dios las permite. Aunque vienen de diferentes fuentes, todos ellas tienen un propósito para nuestra vida.

En general, todas estas tormentas nos revelan cinco realidades:

1. *La naturaleza de mi fe*. La tormenta tiene la tendencia de revelarme la naturaleza de mi fe, qué tan confiado estoy, qué tanto creo en lo que Dios dice en su Palabra. Muchas veces hemos recitado Filipenses 4.13: «Todo lo puedo en Cristo que me fortalece». Sin embargo, es en estos momentos cuando en realidad podemos demostrar cómo andamos en nuestra fe, al actuar de acuerdo a lo que decimos que creemos.

2. *La fuerza de mi compromiso.* Las tormentas nos revelan qué tanto amamos a Dios. ¿En realidad le amo tanto como digo? Es muy fácil cantar «Te amo Señor, no importa lo que pueda venir» cuando no hay tormentas; pero cuando vienen, es el momento de demostrar si realmente me he comprometido con Dios.

3. *El nivel de mi madurez.* La tormenta no nos hace maduros, simplemente **revela** nuestra madurez. ¿Sabe usted cómo puede madurar? Vuelvo a reiterarle, no en el momento de la tormenta sino en su diario vivir, al enfrentarse todos los días a lo cotidiano. ¿Qué clase de información está permitiendo que entre a su mente, a su vida? ¿Qué es lo que está aprendiendo? ¿Qué clase de material esta usando para edificar su vida? ¿Qué tipo de fe está desarrollando? Es precisamente en el momento de la tormenta cuando se revela la madurez que hemos adquirido al crecer en el Señor.

4. *Lo saludable de mi actitud.* ¿Qué tan saludable es mi actitud para con Dios? ¿Sabía usted que la mayoría de las personas tenemos un concepto equivocado de Dios? Pensamos que Él desea que estemos en el polvo, y no es así. Es cierto que Él nos creo del polvo de la tierra, pero para sacarnos, no para mantenernos allí.

5. *La medida de mi disposición para ser enseñado.* ¿Qué es lo que aprendemos cuando llegan las tormentas a nuestra vida? ¿Está entendiendo el mensaje de Dios para su vida? Quiero que vayamos al pasaje que se encuentra al principio de este capítulo, ya que de esta historia tan conocida aprenderemos enseñanzas importantes para nuestra vida. Antes de comenzar a analizarlo, quiero darles tres observaciones sobre las tormentas.

Tres observaciones importantes sobre las tormentas

1. Todos pasamos por tormentas.
Aunque tal vez no queramos aceptarlo, tanto usted como yo

hemos vivido o estamos viviendo alguna tormenta. Veamos qué dice Mateo 5.45:

> Para que seáis hijos de vuestro Padre que está en los cielos, que hace salir su sol sobre malos y buenos, y que hace llover sobre justos e injustos.

¿Qué nos dice este versículo? Simplemente que Dios nos trata a todos por igual, a todos nos llueve y todos tenemos días buenos.

2. Algunas tormentas vienen porque estamos fuera de la voluntad de Dios.

Un ejemplo muy claro de esto fue Jonás. Podemos ver tormentas en su vida porque desobedeció a Dios. Si observamos los cuatro capítulos, vemos cómo Jonás experimentó un descenso importante, primero dice que descendió a Jope, luego descendió a la parte más baja del barco, después lo echaron al fondo del mar, y por último terminó en el vientre de un pez. Así también sucede en nuestra vida, cuando al igual que Jonás consideramos que nuestras decisiones son más importantes que las de Dios, y las tormentas en nuestra vida nos llevan cada vez más abajo.

3. Algunas tormentas vienen porque estamos dentro de la voluntad de Dios.

¿Sabía usted esto? El hecho de que estemos haciendo la voluntad de Dios no nos asegura que no tendremos tormentas. El ejemplo que estaremos estudiando en este capítulo es una clara muestra de este punto. Los discípulos estaban obedeciendo al Señor cuando vino la tormenta. ¿Por qué? ¿Quién los mandó al otro lado del río? Además, ¿quién les dijo que se adelantaran? Por supuesto, fue el Señor, ellos estaban haciendo su voluntad, fueron en obediencia a Él. Por lo tanto, aquella tormenta que pasaron fue por obedecerle. Otros ejemplos de esto son Abraham, Job, José, etc. Si el hacer la voluntad de Dios no nos exime de pasar por las tormentas, entonces la pregunta que surge enseguida es: ¿Cómo puedo sentir a Dios durante la tormenta?

¿Qué es lo que Cristo hace por nosotros en la tormenta?

a. *Él intercede por nosotros.*

> Despedida la multitud subió al monte a orar aparte, y cuando llegó la noche, estaba allí solo. Y ya la barca estaba en medio del mar azotada por las olas, porque el viento era contrario. (Mateo 14.23-24)

Una de las cosas que Cristo hace por nosotros es interceder. Observe que cuando los discípulos ya estaban en medio de la tormenta, el Señor intercedía por ellos, vea conmigo Hebreos 4:

> Por tanto, teniendo un gran sumo sacerdote que traspasó los cielos, Jesús el Hijo de Dios, retengamos nuestra profesión. Porque no tenemos un sumo sacerdote que no pueda compadecerse de nuestras debilidades, sino uno que fue tentado en todo según nuestra semejanza, pero sin pecado. Acerquémonos, pues, confiadamente al trono de la gracia, para alcanzar misericordia y hallar gracia para el oportuno socorro (Hebreos 4.14-16)

Él esta intercediendo por usted y por mí, así que nunca sienta que Él le ha abandonado porque no es así. No importa qué tormenta esté pasando, el Señor está pidiendo por usted.

● ● ● ● ● ● ● ● ● ● ● ● ● ● ● ● ● ● ● ●

Cuando Cristo vino a este mundo vino a hablarnos sobre Dios, ahora Cristo está en el cielo hablándole a Dios de nosotros.

● ● ● ● ● ● ● ● ● ● ● ● ● ● ● ● ● ● ● ●

b. *Él se acerca a nosotros.*

> Mas a la cuarta vigilia de la noche, Jesús vino a ellos andando sobre el mar. (Mateo 14.25)

No solo intercede por nosotros, sino que se acerca a nosotros. Él llega en el momento preciso, en el momento que más lo necesitamos. Quiero darle dos observaciones importantes sobre cuándo es que Cristo se acerca a nosotros:

–Él se acerca a nosotros en la hora más oscura.

Mire lo que dice el v. 25, dice que vino a la cuarta vigilia, y esa es la hora más oscura de la noche. Así sucede en nuestras vidas. Cuando ya no vemos la salida y sentimos que ya no podemos seguir adelante, en esa hora más oscura es cuando Cristo viene a nuestras vidas.

–Él se acerca a nosotros victorioso sobre nuestro temor más grande.

Vea nuevamente el versículo 25, Jesús vino a ellos andando, ¿sobre qué? ¡Sobre el mar! ¿Qué era lo que estaba atormentando y preocupando a los discípulos en ese momento? ¡Por supuesto, el mar! Cristo vino caminando sobre lo mismo que estaba asustando a los discípulos. Al caminar Cristo sobre el agua, lo que les estaba diciendo era: «¡Varones, lo que para ustedes es la tormenta más grande de sus vidas, yo la tengo bajo mis pies!» ¿Sabe una cosa? El Señor tiene bajo sus pies sus tormentas, aunque para usted parezca tan grande que ya no hay solución. No olvide esto, Cristo camina sobre ellas. Quiero que usted y yo leamos una promesa de Dios que se encuentra en Isaías 43.1-3:

> Ahora, así dice Jehová, Creador tuyo, oh Jacob, y Formador tuyo, oh Israel: No temas, porque yo te redimí; te puse nombre, mío eres tú. Cuando pases por las aguas, yo estaré contigo; y si por los ríos, no te anegarán. Cuando pases por el fuego, no te quemarás, ni la llama arderá en ti. Porque yo Jehová, Dios tuyo, el Santo de Israel, soy tu Salvador; a Egipto he dado por tu rescate, a Etiopía y a Seba por ti.

Observe lo que dice: «Cuando pases». No dice: «Cuando trates de pasar». Da por hecho que no importa qué tipo de agua, río o fuego sea, siempre podremos pasar, porque el Señor es quien nos ayuda. Así que en el momento en que usted se sienta atemorizado por cualquier cosa, escuche la voz de Dios que le está diciendo: «¡No te preocupes, yo lo tengo bajo mis pies!» Cualquiera que sea su tormenta, Cristo puede caminar sobre ella.

c. *Él nos trae palabras de consuelo.*

> Y los discípulos, viéndole andar sobre el mar, se turbaron, diciendo: ¡Un fantasma! Y dieron voces de miedo. Pero en seguida Jesús les habló diciendo: ¡Tened ánimo; yo soy, no temáis! (Mateo 14.26-27).

El Señor quiere que usted y yo sintamos su presencia en medio de la tormenta. En esos momentos difíciles podemos escuchar su voz a través de su Palabra, que nos dice: «¡No te preocupes, todo va bien!» Y ¿sabe usted algo? Es verdad, todo va bien, porque Él es el capitán del barco, no hay de qué preocuparse. El problema viene cuando usted y yo queremos tomar el control, entonces sí podremos hundirnos. Veamos lo siguiente:

–Él nos da palabras de consuelo a pesar de que nosotros no entendamos.

Cuando pasamos por las tormentas no sabemos por qué las estamos pasando, pero podemos tener la seguridad de que Él siempre nos da palabras de consuelo. Veamos nuevamente nuestro ejemplo. Los discípulos no entendían porqué estaban pasando por esa tormenta, tal vez hasta algunos pensaban: ¿Por qué nos mandó Cristo para acá? Realmente no entendían y aun más, cuando Él se acerco a ellos, ni siquiera lo reconocieron, pensaron que era un fantasma. Qué pronto se olvidaron de su Maestro, lo que nunca debemos olvidar es que a pesar de lo difícil parezca nuestra tormenta, el Señor nos ministra. Debemos confiar en Él y en sus promesas. Veamos Romanos 8.28:

> Y sabemos que a los que aman a Dios, todas las cosas les ayudan a bien, esto es, a los que conforme a su propósito son llamados.

Cristo camina sobre todo aquello que nos atemoriza, como caminó sobre el mar que atemorizó a sus discípulos.

Aunque usted no entienda lo que Dios está haciendo en su vida, entienda esto, Él hará que todas las cosas obren para bien. Nuestra seguridad no está en lo que sabemos, sino a quién conocemos. Hay un ejemplo que a mí en lo particular me encanta y que nos hará entender mejor esto. ¿Sabe usted preparar pasteles? Bueno, ¿al menos sabe qué ingredientes lleva? Algunos de ellos son harina, mantequilla, levadura, huevos, leche, agua caliente, etc. Bien, ahora imagínese que usted y yo deseamos comer un pastel hoy. Vamos a comer el pastel, pero lo vamos a comer de una manera diferente, comeremos cada ingrediente por separado, primero comamos la harina. ¿Qué tal le sabe? Luego la barra de mantequilla y así sucesivamente. Creo que definitivamente, ni siquiera a mí me gustaría ese pastel. En cambio, ¿qué tal cuando alguien que sabe mezcla todos los ingredientes y luego los mete a un horno a la temperatura correcta y en el tiempo correcto? ¡Pues tenemos un delicioso pastel! De igual manera, tal vez Dios en este momento está echando el agua caliente a su vida, o la harina, y no entendemos qué está pasando, porque no es algo agradable, pero Dios sí sabe lo que está haciendo. Él está usando todo esto para hacer en nuestras vidas un rico pastel. Así que aunque no entendamos, no olvidemos que Él siempre sabe lo que está haciendo.

–Él nos da palabras de consuelo a pesar de nuestro temor.

A Cristo no le preocupa cuáles son sus temores, Él quiere y puede darnos palabras de consuelo. Déjeme compartirle cinco cosas que nos dan seguridad para poder descansar durante la tormenta:

1) Dios permite que esté en el lugar donde está. Hasta este mismo instante, Él le trajo aquí, si ha sobrevivido es porque Él ha estado con usted y le ha mantenido. Algo importante que tenemos que entender es que hay dos tipos de tormenta:

a) Las tormentas de correcciones, cuando Dios nos disciplina.

b) Las tormentas de perfecciones, cuando Dios quiere que crezcamos.

Así que, lo primero que tenemos que entender es que Dios permitió que llegáramos al lugar donde estamos con un propósito, ya sea para corregirnos o para perfeccionarnos.

2) Dios está trabajando en su vida. Dios está haciendo crecer algo en su vida. Tal vez hay algo que usted necesita que se desarrolle, que ha luchado mucho al no poder ver que ha madurado y es ese algo que Dios quiere hacer crecer.

3) Dios siempre llega donde usted se encuentre. Él nunca le dejará solo. Recuerde a Pedro cuando exclama «¡Señor sálvame!» En seguida, el Señor le ayudó.

4) Dios le ayudará a crecer. Él quiere aumentar su confianza y su fe en Él.

5) Dios le acompañará en su camino. El Señor nunca le dejará solo. Tal como sucedió con Pedro, una vez que lo tomó junto a Él, no lo soltó. Pedro subió con Él a la barca y de ahí hasta llegar a la orilla nuevamente estuvo con Él, hasta pasar la tormenta. ¿Sabe qué? Usted y yo podemos hacer lo mismo, podemos confiar en Dios en medio de cualquier tormenta.

Ahora veamos cómo nos prepara Jesús para la tormenta. Leamos Juan 16:1-5, donde el Señor Jesucristo prepara a sus discípulos sobre los tiempos de tormenta que ellos y nosotros habríamos de pasar.

1. Él nos deja ver las nubes.

Estas cosas os he hablado, para que no tengáis tropiezo. Os expulsarán de las sinagogas; y aun viene la hora cuando cualquiera que os mate, pensará que rinde servicio a Dios. Y harán esto porque no conocen al Padre ni a mí. Mas os he dicho estas cosas, para que cuando llegue la hora, os acordéis de que ya os lo había dicho. Esto no os lo dije al principio porque yo estaba con vosotros. Pero ahora voy al que me envió; y ninguno de vosotros me pregunta: ¿A dónde vas?

Cristo empieza a presentar un cuadro a sus discípulos sobre lo que iban a tener que pasar por seguirle a Él. Al decir que iban a ser expulsados y perseguidos, les estaba diciendo que vieran las nubes que les avisaban que venía la tormenta. Dios a través de su Espíritu Santo nos capacita para poder discernir cuándo está cerca la tormenta que viene sobre nuestra vida.

a. Él nos asegura que tiene en mente nuestro bienestar.

Antes, porque os he dicho estas cosas, tristeza ha llenado vuestro corazón. Pero yo os digo la verdad: Os conviene que yo me vaya. (Mateo 14.6, 7*a*)

Realmente creo que los discípulos tenían razones para estar tristes. El Señor acababa de decirles que se iría, que los expulsarían de las sinagogas por seguirle y aun los matarían por causa de su nombre. Sin embargo, Él trata de hacerles entender que tiene algo mejor en mente para ellos. Aun cuando viniera la tormenta, realmente les convendría que viniera, ya que habría algo mejor después de esto. Y así fue realmente.

b. El envía al Espíritu Santo a que nos consuele.

Porque si no me fuese, el Consolador no vendría a vosotros; más si me fuere os lo enviaré (Mateo 14.7*b*)

En otras palabras, les estaba diciendo: Ustedes van a tener al Espíritu Santo para que les ayude en medio de la tormenta. Ahora bien, el Espíritu Santo se va a encargar de hacer tres cosas en su trato con nosotros durante la tormenta.

1) Revelar la verdad sobre el pecado, la justicia y el juicio de Dios *(vv. 8-11).*
¿La verdad de qué? La Biblia dice que nos convencerá de pecado de justicia y de juicio, y esto es porque normalmente cuando estamos en una tormenta nos preguntamos sobre el por qué la estamos pasando. El Espíritu Santo se encarga de revelarnos si hay pecado, rebeldía, o si es algo injusto. Vea lo que dice la Palabra:

Y cuando él venga, convencerá al mundo de pecado, de justicia y de juicio. De pecado, por cuanto no creen en mí; de justicia, por cuanto voy al Padre, y no me veréis más; y de juicio, por cuanto el príncipe de este mundo ha sido ya juzgado.

En el momento en que pasemos por la tormenta, el Espíritu Santo estará ahí para revelarnos la verdad de por qué estamos pasando por esa tormenta.

2) Guiará al creyente en la verdad completa *(v. 13)*.
El Espíritu Santo nos servirá de guía. Él va a ser como la brújula de nuestro barco, la cual nos va a guiar durante la tormenta. Lea el versículo 13.

Pero cuando venga el Espíritu de verdad, él os guiará a toda la verdad; porque no hablará por su propia cuenta, sino que hablará todo lo que oyere, y os hará saber las cosas que habrán de venir.

En otras palabras, deje que el Espíritu le guié. Normalmente cuando estamos en una tormenta, la visibilidad es casi nula, solamente con la dirección de Aquel que puede ver lo que habrá de venir, podremos llegar a nuestro destino, y no quedar atascados entre las rocas.

3) Le dará todo el crédito a Dios *(v. 14)*.
¿Sabía usted que así Dios será glorificado?

Él me glorificará; porque tomará de lo mío y os lo hará saber.

La función del Espíritu Santo, al terminar con usted, al guiarle y al revelarle la verdad, consiste en que estará glorificando a Dios y traerá gozo al nombre del Señor. En cambio, si nos perdemos en medio de la tormenta, el nombre de Dios es avergonzado, ya que nosotros quedamos en rebeldía y perdidos. Cuando permitimos que la guía y dirección del Espíritu Santo nos lleve a toda verdad, que nos revele que debemos cambiar en nuestra vida, eso traerá gloria y gozo al nombre del Señor.

c. Él nos da la suficiente luz para hoy

Todavía un poco, y no me veréis; y de nuevo un poco, y me veréis; porque yo voy al Padre. Entonces se dijeron algunos de sus
discípulos unos a otros: ¿Qué es esto que nos dice: Todavía un
poco, y no me veréis; y de nuevo un poco, y me veréis; y, porque yo voy al Padre? Decían pues; ¿Qué quiere decir con: Todavía un poco? No entendemos lo que habla. (Juan 14.16-18)

Observemos con cuidado. El Señor en su Palabra siempre ha
puesto lo suficiente para que entendamos lo necesario hasta ese
día. ¿Tiene usted un carro? Tal vez usted pensará, *¿qué tiene que
ver mi carro con lo que estamos hablando?* Bien, quiero ejemplifi-
carle algo. Cuando usted sale de casa y quiera ir a algún lugar y es
de noche, no sé, tal vez al supermercado, ¿la luz de su carro alum-
bra desde su casa hasta el lugar a donde se dirige? Normalmente
no es así, no sé exactamente cuánto alcance tienen las luces de los
automóviles, pero a lo sumo alumbran 30 metros por delante de
nosotros. Ahora bien, para que podamos llegar a nuestro destino
debemos movernos, ya que al ir avanzando, estaremos alumbran-
do nuestro camino. El problema de la mayoría de nosotros es que
queremos que cuando prenda-mos la luz, que alumbre hasta el
supermercado, hablando espiri-tualmente. «¡Bueno Señor Jesús,
ya voy a prender la luz, por favor muéstrame el camino hasta donde he de ir!» Lo que quiero darle a entender, es que el Señor nos
da suficiente luz para hoy, para que podamos entender lo que
nos pasa hoy. Ya el mañana déje-selo a Dios. Los discípulos estaban pasando por algo similar.

> *¿Sabe qué?*
> *En medio de su*
> *tormenta, usted*
> *no va a poder*
> *entenderlo todo.*
> *Lo único que tiene*
> *que hacer es llegar*
> *al siguiente*
> *puerto.*

Ellos querían que el Señor les explicara todo de una vez, pero Él solamente les dijo lo que era necesario para ese momento.

Al llegar ahí, el Señor le dará más instrucciones. No lo olvide, Él le da la luz suficiente para hoy.

d. *Él nos recuerda su amor incondicional.*

Jesús les respondió: ¿Ahora creéis? He aquí la hora viene, y ha venido ya, en que seréis esparcidos cada uno por su lado, y me dejaréis solo; más no estoy solo, porque el Padre está conmigo. Estas cosas os he hablado para que en mí tengáis paz. En el mundo tendréis aflicción; pero confiad, yo he vencido al mundo. (Juan 16.31-33)

> **Hay muchas personas que nunca crecen en las tormentas debido a que su actitud no ayuda.**

En la tormenta Él sigue recordándonos su amor incondicional. Mire los versículos arriba mencionados. En este pasaje el Señor les está diciendo lo que estaba por suceder y que los discípulos lo iban a abandonar. Sin embargo, Él les dijo que quería que ellos se sintieran en paz cuando esto pasara, que no se sintieran culpables por abandonarlo. Él los seguiría amando a pesar de esto, y quería que estuvieran tranquilos confiando en su amor aun en la tormenta. Él quiere que nosotros recordemos que no importa la tormenta que estemos pasando, Él nos sigue amando con un amor incondicional.

e. *Él nos da valor a pesar de nuestras circunstancias.*

Estas cosas os he hablado para que en mi tengáis paz. En el mundo tendréis aflicción; pero confiad, yo he vencido al mundo. (Juan 16.33)

En otras palabras, Cristo quería que ellos se armaran de valor para enfrentar las circunstancias que vendrían. Era cierto que el mundo iba a rechazar a Cristo y lo iban a crucificar, pero a pesar de todo esto, Él quería que estuvieran confiados en que Él iba a salir victorioso sobre el mundo, y así como Él pudo hacerlo, ellos también podrían hacerlo en Él.

Quiero darle algunas frases importantes sobre las tormentas:

1) Las tormentas nos permiten vernos a nosotros mismos. Las tormentas nos ayudan a tener una perspectiva real de dónde estoy y cómo estoy. Las adversidades revelan quiénes somos en realidad, nos presentan con nosotros mismos.

2) Las tormentas nos permiten ser restaurados. Las tormentas son tiempos de restauración, ya que en ellas buscamos a Dios como nuestro refugio y ayudador. Es en esos momentos que estamos abatidos, afligidos, confundidos, cuando necesitamos urgentemente edificar y restaurar. Hablando de las tormentas como fenómenos naturales, después de que han pasado es necesario reparar y reedificar. En muchas ocasiones después de las tormentas los edificios quedan mucho mejor que antes, lo mismo sucede con nosotros, las tormentas nos permiten ser restaurados.

3) Las tormentas sí «pueden» traer crecimiento espiritual a nuestra vida. Note que recalqué a propósito la palabra «pueden», ¿por qué?

Un excelente ejemplo de buena actitud en la tormenta son Sadrac, Mesac y Abed Nego, quienes prefirieron obedecer a Dios aunque esto implicara que serían lanzados a un horno de fuego. Su actitud fue: «Dios puede librarnos, pero aun si no lo hace, no importa». Ellos demostraron con su actitud la confianza que tenían en Dios y esto les hizo crecer en medio de esa tormenta de fuego.

Ahora, usted tal vez se preguntará: «¿Cómo me pueden ayudar las tormentas a crecer espiritualmente?»

La tormenta es un proceso, no es un evento de una sola vez.

a) Las tormentas nos llevan a ser como Cristo. Si tenemos una buena actitud, las tormentas nos llevan a ser como Cristo.

Porque el Señor, al que ama, disciplina, y azota a todo el que recibe por hijo. (Hebreos 12:6)

Como hijos de Él, debemos ser cada día más semejantes a Él.

b) Las tormentas traen felicidad a la experiencia cristiana.

He aquí, bienaventurado es el hombre a quien Dios castiga; por tanto, no menosprecies la corrección del Todopoderoso. (Job 5.17)

Si Dios le está reprendiendo, llámele a esto felicidad. No despreciemos la disciplina del Señor ya que Él nos ama y las tormentas nos servirán para que no nos perdamos.

c) Las tormentas dan frutos de justicia.

Es verdad, que ninguna disciplina al presente parece ser causa de gozo, sino de tristeza; pero después de fruto apacible de justicia a los que en ella han sido ejercitados. (Hebreos 12.11)

Estas tormentas que pasamos dan frutos de justicia, aunque ninguna disciplina al recibirla es agradable. Ahora bien, luego produce en nosotros una cosecha de gozo y paz. He visto a gente cambiada por las tormentas, más maduras, más estables, dando esos frutos de justicia, de los cuales nos habla este pasaje simplemente porque aprendieron a través de la tormenta.

d) Las tormentas glorifican a Dios.

Pero si alguno padece como cristiano, no se avergüence, sino glorifique a Dios por ello. (1 Pedro 4.16)

Tenemos que cambiar nuestra perspectiva a través de la tormenta y disciplinar nuestras almas para que glorifiquen a Dios en medio de cualquier circunstancia.

e) Las tormentas producen alabanza, gloria y honra.

Para que sometida a prueba vuestra fe, mucho más preciosa que el oro, el cual aunque perecedero se prueba con fuego, sea hallada en alabanza, gloria y honra cuando sea manifestado Jesucristo. (1 Pedro 1.7)

Cuando usted supera una tormenta, su meta debe ser que su vida sirva para la alabanza, gloria y honra del nombre del Señor a través de su fe.

Veamos a continuación cómo se crece durante la tormenta:

1. El aprender de las tormentas requiere de una decisión.

Hay dos áreas en las que debemos decidirnos:

a) Una decisión concerniente al señorío de Cristo. Esto tiene que ver con ceder el control a Cristo de nuestra vida en medio de la tormenta, porque cuando nosotros queremos tomar el control, estaremos en peligro de hundirnos.

b) Una decisión de creer que Dios no dejará que nada le toque, a menos que sea para su bien. Cuando usted ya le ha cedido a Cristo el señorío de su vida, al dejar que Él esté en control, todo lo que Dios haga será para su bien y para su crecimiento.

Ahora recuerde dos cosas importantes:

–Que Dios comprende lo que le está sucediendo.

Mas él conoce mi camino; me probará y saldré como oro. (Job 23.10)

–Que Dios conoce la carga que usted pueda llevar.

No os ha sobrevenido ninguna tentación que no sea humana; pero fiel es Dios que no os dejará ser tentados más de lo que podáis resistir, sino que dará juntamente con la tentación la salida, para que podáis soportar. (1 Corintios 10.13)

2. El aprender de las tormentas requiere dedicación.

Tengo que dedicarme a obedecer al Señor. ¿Por qué?

Por eso tiene que dedicarse al proceso que Dios está llevando a cabo en su vida.

3. El aprender de las tormentas requiere humildad.

¿Por qué? Porque hay quebrantamiento y sin este quebrantamiento no podemos ser usados por Dios.

4. El aprender de las tormentas requiere que vivamos con un sentido de destino.

En otras palabras, necesitamos ver el cuadro grande, no vea solamente las nubes y los rayos, más bien vea lo que viene después de la tormenta.

5. El aprender de las tormentas requiere de las oraciones de otros y la ayuda del Espíritu.

Ahora bien, para terminar este capítulo quisiera hacerle un pequeño examen sobre las tormentas, por cada «sí» que responda usted tiene dos puntos, por cada «no» usted tiene un punto. ¿Está listo?

El examen de la tormenta

1. ¿Piensa que hay alguna tormenta que llega a su vida sin que Dios lo sepa?

SÍ ❑   NO ❑

2. ¿Piensa que hay alguna tormenta que llega a su vida que Dios no la pueda tratar?

SÍ ❑   NO ❑

3. ¿Piensa que hay alguna tormenta que llega a su vida que no tenga un propósito?

SÍ ❏   NO ❏

4. ¿Piensa que hay alguna tormenta en su vida que no le enseñará algo sobre usted?

SÍ ❏   NO ❏

5. ¿Piensa que hay alguna tormenta en su vida que no le enseñará algo sobre Dios?

SÍ ❏   NO ❏

¿Terminó? Si sumó más de 5 puntos, entonces probablemente no está confiando en el Señor como debería en lo que respecta a sus temores.

¿Pasó la prueba? Espero que sí, y si no fue así, siga meditando en este capítulo y deje que Cristo sea su capitán en medio de la tormenta, pues solo así podrá tener el poder para vencer las tormentas.

CAPÍTULO 10

Poder para hacerle frente al futuro

Lucas 24.13-35

E n este último capítulo quiero relatarle la historia que se encuentra en Lucas 24.13-35: la historia de dos seguidores de Jesús que iban caminando. Aquel fue un día oscuro para ellos aunque era un domingo de Pascua. Ellos lo veían así pues estaban desanimados. Para ellos, esa semana había comenzado muy bien con el domingo de ramos, ya que al entrar Jesús a Jerusalén, todo el pueblo se desbordó para aclamarlo como su Rey que había de venir. Creo que entre ellos decían: «el Mesías está a punto de tomar el control». Nunca se había visto una oportunidad tan buena para Jesús y sus seguidores, pero al transcurrir la semana, cada día las cosas se iban poniendo peor, hasta que llegó el día terrible en que crucificaron a Jesús. Todos sus planes, sueños y esperanzas para el futuro empezaron a morir también, a pesar de que habían oído que Jesús había resucitado y estaba vivo.

Por eso hoy quiero hablarle sobre aquel futuro común para todos, y cómo tener el poder para hacerle frente. Por supuesto que estoy hablando de la muerte, la muerte que nos pone a cada uno en el pretérito pasado, y quiero darle tres observaciones importantes acerca de ella.

1. Vivimos en lo que pudiera haber sido pero no es.

> Pero nosotros esperábamos que él era el que había de redimir a Israel; y ahora, además de todo esto, hoy es ya el tercer día que esto ha acontecido. (Lucas 24.21)

Cuando vemos el panorama de la muerte sin el poder de la resurrección, vemos la vida como pudo haber sido, pero no ocurrió así. Nuestros sueños mueren, nuestras relaciones mueren, todo sale mal para nosotros. Observe lo que sucedió con los seguidores de Jesús en el v. 21, en especial una frase: «Pero nosotros esperábamos que él había de redimir a Israel». Esto suena como un final definitivo: ¡Esperábamos! ¡Él era! ¡El que había! Pero todo terminó, ¡Él está muerto! Ellos estaban sin esperanza porque estaban viviendo antes de la resurrección de Jesús, por eso estaban desalentados, sin ánimo de nada, con todos sus sueños y planes deshechos.

> **Cuando el hombre vive antes de la resurrección de Jesús vive también así, en el pasado, tratando de consolarse con lo hermoso que fue antes, lo que hubiera podido ser y no fue.**

2. La muerte nos impide ver el presente o el futuro.

E iban hablando entre sí de todas aquellas cosas que habían

acontecido. Sucedió que mientras hablaban y discutían entre sí, Jesús mismo se acercó, y caminaba con ellos. Mas los ojos de ellos estaban velados, para que no le conociesen. (Lucas 24.14-16)

En ese día los seguidores de Jesús, no podían ver ni el presente ni el futuro. Dice en estos versículos que sus ojos estaban velados, ya que su mirada y su enfoque estaba en el pasado. Aunque el mismo Jesús se acercó para hablar con ellos, ni siquiera lo reconocieron. Cuando la persona vive sin el poder de la resurrección, la falta de esperanza no le permite más allá. ¿Cuántas oportunidades se nos han escapado de los manos solo por no tener una perspectiva clara del futuro, solo por vivir con temor, solo por perder las esperanzas?

3. Vivimos como perdedores.

Y les dijo: ¿Qué pláticas son estas que tenéis entre vosotros mientras camináis, y por qué estáis tristes? Aunque también nos han asombrado unas mujeres de entre nosotros, las que antes del día fueron al sepulcro; y como no hallaron su cuerpo, vinieron diciendo que también habían visto visión de ángeles quienes dijeron que él vive. Y fueron algunos de los nuestros al sepulcro, y hallaron así como las mujeres habían dicho, pero a él no le vieron. Entonces él les dijo: ¡Oh insensatos, y tardos de corazón para creer todo lo que los profetas han dicho! (Lucas 24.17, 22-25)

Dice la Palabra que el Señor les pregunta: «¿Porqué estáis tristes?» Tenían algo en su rostro que no era felicidad, y mucha gente vive hoy así sin Cristo. Viven con su semblante triste y sin esperanza. ¿Sabe por qué? Porque viven con el Cristo que está muerto. Todo se ha acabado para ellos. Hay tres cosas importantes que podemos observar en esto:

a) Cristo estaba vivo.

b) No obstante, estos hombres de nuestra historia no comprendieron que estaba vivo.

c) Estos dos hombres estaban viviendo por debajo de sus privilegios.

Y así fue a pesar de que ellos habían seguido a Jesús mucho tiempo.

Ahora quiero hablarle de *nuestra* esperanza: El poder de la resurrección, el poder de la resurrección que nos pone en el tiempo futuro. Consideremos tres observaciones importantes:

1. El poder de la resurrección nos da un nuevo principio.

Llegaron a la aldea adonde iban, y él hizo como que iba más lejos. Más ellos lo obligaron a quedarse, diciendo: Quédate con nosotros, porque se hace tarde, y el día ya ha declinado. Entró, pues, a quedarse con ellos. Y aconteció que estando sentado con ellos a la mesa, tomó el pan y lo bendijo, lo partió, y les dio. Entonces les fueron abiertos los ojos, y le reconocieron; mas el se desapareció de su vista. (Lucas 24:28-31)

Cuando usted acepta al Cristo resucitado y cree que Él se levantó de los muertos, recibe un nuevo principio. A partir de esto nosotros podemos abrir los ojos, como nos dice en el v. 31, «entonces les fueron abiertos los ojos». Pero si observamos bien, esto no sucedió hasta que comieron el pan. Cristo es el pan de vida. Cuando usted y yo lo recibimos en nuestras vidas, nuestros ojos son abiertos, y usted, así como los discípulos, puede tener un nuevo principio.

¿Qué es lo que le está empañando la vista para ver una nueva oportunidad? ¿Para ver que puede tener un nuevo principio en la vida?

2. El poder de la resurrección nos ha dado un nuevo propósito.

Y se decían el uno al otro: ¿No ardía nuestro corazón en nosotros, mientras nos hablaba en el camino, y cuando nos

abría las Escrituras? Y levantándose en la misma hora, volvieron a Jerusalén y hallaron a los once reunidos, y a los que
estaban con ellos, que decían: Ha resucitado el Señor verdaderamente, y ha aparecido a Simón. Entonces ellos conta-
ban las cosas que les habína acontecido en el camino, y
cómo le habían reconocido al partir el pan. (Lucas
24.32-35)

Mire los versículos arriba mencionados, vemos a unos discípulos diferentes después que reconocieron a Cristo, cuando
fueron abiertos sus ojos. Ellos salieron de Jerusalén desanimados, pero ahora que sabían que Cristo estaba vivo, volvieron a
Jerusalén con un nuevo propósito. Ahora ellos querían hablar
y compartir a otros lo que habían escuchado y visto, su vida
ahora tenía futuro. De igual manera, cuando usted vive del
lado del poder de la resurrección, en el Cristo resucitado, usted va a tener una nueva vida con un nuevo propósito, no solamente hoy sino para siempre. Usted va a poder contar lo que
Jesús ha hecho en su vida, y no le estoy hablando de una religión, sino de una relación personal con el Cristo vivo ¡que vive
y reina para siempre! Él es el único que puede darle un nuevo
propósito a su vida. Tal vez usted se encuentra como los discípulos cuando salieron de Jerusalén, desanimado y triste. Pero
si usted toma del pan de vida que es Cristo, sus ojos serán
alumbrados y experimentará una nueva vida con un nuevo
propósito. Cristo fue la razón del gozo, la paz y la alegría de
ellos. Muchas personas piensan que lo pueden lograr sin la
ayuda de Dios. Dicen que pueden cambiar si así lo quisieran,
que pueden dejar esto o lo otro, que pueden salir de las drogas
o de cierta adicción, que pueden restaurar su matrimonio sin
la ayuda de Dios, que pueden rescatar a sus hijos o a su esposa
o esposo sin la ayuda de Dios. Aun cuando ven la tormenta no
se doblegan. Cristo es la única solución.

A continuación quiero compartirles un pensamiento que no
recuerdo cómo lo recibí pero que ha sido de gran bendición para
mi vida.

El sentido que tiene caer...

Después de la caída, cuando has fallado y el enemigo te dice que vales poco.

Después de la caída, en el momento que más fuerte te sentías y has fallado.

Después de la caída, precisamente cuando deseabas ser mejor.

Después de la caída, cuando necesitas más de Dios y le has fallado.

Después de la caída, al pensar que no tienes perdón.

Después de la caída, al sentirte lejos de tu Creador y amigo.

Después de la caída, al fallarle a quien nunca te ha abandonado.

Después de la caída, te sientes indigno hasta de alzar tu vista al cielo para pedir perdón, cuando parece que todo sale mal y que no puedes hacer las cosas bien.

Date cuenta de que tus caídas están pagadas;

Por uno que cayó muchas veces al ser empujado.

Por uno que rompió sus rodillas para que las tuyas pudieran quedar intactas.

Por uno que sin cometer errores cayó por ti una y otra vez.

Después de la caída, no pienses que no tienes perdón, al contrario... el perdón es para ti.

Después de la caída, no te quedes en el suelo pues no fuiste hecho para eso.

Después de la caída, no creas que vales poco, pues vales el sacrificio de Jesús en la cruz.

Después de la caída, no te sientas lejos de tu Creador, pues es cuando más está a tu lado.

Después de la caída, no te sientas indigno de mirar al cielo, pues este mismo se abre para que tengas paz de lo alto.

> *Su poder, el poder de la resurrección, es el medio para poder tener un nuevo propósito en la vida.*

Después de la caída, levántate y sigue, pues caer no es fracasar sino perfeccionarse al levantarse.

3. El poder de la resurrección nos da un nuevo privilegio.

El poder de la resurrección nos da un nuevo privilegio para vivir como vencedores. Cristo venció a la muerte, estamos en el lado del ganador, nuestro futuro está seguro en Cristo. Cuando el diablo pensó que todo se había acabado, Cristo ganó la victoria. Por eso el apóstol Pablo escribió lo siguiente en 1 Corintios 15:20-28, 51-57:

Más ahora Cristo ha resucitado de los muertos; primicias de los que durmieron es hecho. Porque por cuanto la muerte entró por un hombre, también por un hombre la resurrección de los muertos.

Porque así como en Adán todos mueren, también en Cristo serán todos vivificados.

Pero cada uno en su debido orden; Cristo, las primicias; luego los que son de Cristo, en su venida. Luego el fin, cuando entregue el reino al Dios y Padre, cuando haya suprimido todo dominio, toda autoridad y potencia.

Porque preciso es que él reine hasta que haya puesto a todos sus enemigos debajo de sus pies. Y el primer enemigo que será destruido es la muerte.

Porque todas las cosas las sujetó debajo de sus pies. Y cuando dice que todas las cosas han sido sujetadas a él, claramente se exceptúa aquel que sujetó a él todas las cosas.

Pero luego que todas las cosas le estén sujetas, entonces también el Hijo mismo se sujetará al que le sujetó a él todas las cosas, para que Dios sea en todos.

He aquí, os digo un misterio: No todos dormiremos; pero todos seremos transformados, en un momento, en un abrir y cerrar de ojos, a la final trompeta; porque se tocará la trompeta, y los muertos serán resucitados incorruptibles, y nosotros seremos transformados.

Porque es necesario que esto corruptible se vista de incorrupción, y esto mortal se vista de inmortalidad.

Y cuando esto corruptible se haya vestido de incorrupción,
y esto mortal se haya vestido de inmortalidad, entonces se cum-
plirá la palabra que esta escrita: Sorbida es la muerte en victoria.
¿Dónde esta, oh muerte, tu aguijón? ¿Dónde, oh sepulcro, tu
victoria? Ya que el aguijón de la muerte es el pecado, y el poder
del pecado, la ley.

Más gracias sean dadas a Dios, que nos da la victoria por
medio de nuestro Señor Jesucristo.

¿Qué es a lo que usted teme más del futuro? Tal vez es la
muerte, ya que pensamos que es el único enemigo que no podremos vencer, pero Cristo lo hizo. El poder de la resurrección nos
hace vencedores aun sobre la muerte, como dice este pasaje:
«¿Dónde esta oh muerte, tu aguijón? ¿Dónde oh sepulcro tu victoria?»

Pero si usted al leer este capítulo aún no tiene esperanza, no
tiene paz, no tiene gozo y mucho menos fe para el futuro, déjeme
decirle que a través de Cristo Jesús usted puede tener un nuevo
principio, un nuevo propósito y un nuevo privilegio. Este es el
mensaje que Dios tiene para su vida hoy. Usted puede empezar
hoy. Nunca es demasiado tarde para empezar. Los siguientes
puntos le ayudarán a meditar sobre su vida para que así pueda hacer los ajustes necesarios. Estos
puntos son excelentes y tienen
que ver con lo que podemos
aprender del arca de Noé.

Si estamos en el lado del vencedor nuestro futuro está seguro en Cristo.

Todo lo que aprendí del Arca de Noé

1. Es importante ser puntual
a la cita y no llegar después de la
hora fijada para la salida.

2. Recuerde que todos somos diferentes pero estamos en el mismo barco.

3. Planee a futuro. No estaba lloviendo cuando Noé comenzó a construir el arca.

4. Nunca se sienta viejo a pesar de que alguien diga que su tiempo ya pasó y que a su edad ya no va a hacer nada grande que valga la pena solamente porque tiene 600 años.

5. No haga mucho caso a los criticones; continúe con el trabajo que Dios le ha encomendado.

6. En todo lo que haga y construya, procure hacerlo con alta calidad a pesar de que no sea profesional ni sea lo que usted sabe hacer (la canción preferida de Noé fue «Yo no soy marinero... por ti seré, por ti seré»).

7. Al buscar compañía para su viaje en la vida, busque a alguien que verdaderamente le sea afín. Los polos apuestos pueden atraerse pero no van a lograr mucho. Además, tiene que encontrar pareja que también tenga su misma espiritualidad para que juntos se animen a seguir caminando hasta llegar al arca.

8. Si siente que su progreso espiritual es lento, no se desespere. Más que rapidez, Dios quiere perseverancia. Las tortugas estaban a bordo junto con los caballos, los linces y otros animales veloces.

9. Aunque al principio se sienta solo y reciba burlas, a la larga tiene su recompensa el tratar de vivir la palabra de Dios.

10. No desprecie los esfuerzos que hacen los sencillos por lograr algo. Recuerde que el arca fue construida por *amateurs*, mientras que el Titanic fue construido por profesionales.

11. Dios nos ama a todos y quiere que todos se salven, pero solamente se salvará aquel que haga la voluntad de Dios.

12. Dios solo mandó construir un arca y los que le amamos debemos construir esa arca, no andar cada quien construyendo la suya porque no nos guste algo que nos diga Noé.

13. No importa cómo sea la tormenta en que se encuentre, si permanece con Dios, siempre habrá un arco iris esperándole.

Ahora, ¿qué va hacer con la información que tiene en sus manos? Él le ama tanto, que dio a su Hijo para que muriera en la cruz, pagando nuestros pecados. Pero Él resucitó, recíbale hoy en su corazón, invítelo a entrar en su vida, así como los discípulos de la historia le invitaron a quedarse con ellos, y cene con Él como ellos también lo hicieron. ¿Sabe usted por qué Cristo se acercó a estos dos hombres en aquel domingo de Pascua? Porque Él deseaba cambiar el dolor de ellos por gozo y su depresión en esperanza, y Él desea hacer lo mismo con usted a través del poder de la resurrección. Al hacer esto sus ojos serán alumbrados y podrá ver que usted tiene el poder para vencer el futuro.

Dr. Abel Ledezma, Pastor
Escalando un nivel más alto en el liderazgo
Nuestra misión: su crecimiento.

Nació en Nuevo México E.U.A., en un hogar de padres cristianos.

Algunos de sus familiares más cercanos también son pastores.

Desde temprana edad recibió el llamado de Dios y desde su juventud ha estado permanentemente activo en el ministerio. Es un discípulo sobresaliente del doctor John Maxwell. Bajo la tutoría del doctor Maxwell, y junto a su esposa Rosye e hijos Abel Isaac y Damaris Eunice, fundó la iglesia Amistad Cristiana en San Diego, California, de la cual fue pastor durante 17 años y que llegó a figurar como la iglesia hispana con más miembros en la misma ciudad. Ha sido reconocido como uno de los líderes hispanos de mayor influencia. El doctor Ledezma tiene una carga muy fuerte por los pastores y sus líderes y esto le llevó a establecer la Conferencia *«Creciendo Juntos»*, que ahora se conoce como **Liderazgo Enfocado**, donde desarrolla Conferencias de Liderazgo para pastores, empresarios y profesionales, tanto a nivel espiritual como secular. También es fundador del Centro de Asesoría en Mayordomía (CAM), una empresa dedicada a ayudar a las iglesias en cuestiones de mayordomía como recabar fondos para llevar a cabo su visión. Con su experiencia de 30 años en el ministerio, ha sido conferencista para diferentes denominaciones y organizaciones cristianas tanto en los Estados Unidos como en Puerto Rico,

México y Centro América. Ha ministrado a pastores, líderes, matrimonios y jóvenes en todos estos lugares. Fue Director del Ministerio Hispano de *Injoy Servicios de Mayordomía*, y en el mes de julio de 1998 reanudó el pastorado tras fundar la Iglesia Centro Familiar Cristiano en la ciudad de San Diego. Centro Familiar Cristiano tiene como propósito alcanzar y ministrar a las familias. Durante sus primeros cinco años bajo el liderazgo del doctor Ledezma, Centro Familiar Cristiano ha llegado a ser una iglesia familiar sólida, con la visión de seguir impactando a San Diego y sus alrededores. En mayo del 2002 publicó bajo el sello Caribe-Betania Editores su primer libro *«Cambie sus Tragedias en Triunfo»*.

Para recibir más información:

Centro Familiar Cristiano
   955 Cardiff St.
   San Diego, CA 92114
   Tel. 619-667-2770
   Fax. 619-667-2776

www.centrofamiliarcristiano.com
www.liderazgoenfocado.com

Correo electrónico:
www.info@liderazgoenfocado.com
www.cfc@cfc.sdcoxmail.com

Mi hermano Ledezma:

Por fin puedo darme el tiempo para plasmar en papel algunos pensamientos, recomendando la obra que usted ha escrito. Antes que nada permítame felicitarlo, tanto por el tema principal de su obra «PODER PARA VIVIR», como también por la forma en que con tanta sabiduría lo ha desarrollado. Estos primeros tres capítulos revelan el sentir profundo en su corazón sobre la necesidad que tiene el ministro de Dios de tener, no solo en algún sermón que predicará, sino en su vida entera, la continua presencia de Dios y el continuo poder de Dios. Pedir que Dios unja un sermón para luego vivir como a uno le da la gana tiene matices de hipocresía. Que Dios nos ayude.

Como ministros de Dios, y en la ejecución de su magna obra, sufrimos con dos tentaciones muy específicas.

Una es carecer de fe para llevar a cabo su divina obra. Nos sentimos muy débiles. Nos faltan talentos. Todos los demás pueden hacer la obra mucho mejor que nosotros. No entendemos por qué Dios nos impuso la carga.

La otra es el creernos ser los mejores ministros del mundo. No hay nadie que puede ministrar como nosotros. La facilidad con que preparamos un sermón y la autoridad y el carisma con que nosotros podemos mover al público son únicas. Nadie lo tiene como nosotros.

En los dos casos, tarde o temprano fracasaremos. Nuestra debilidad y falta de seguridad en nosotros mismos produce un ministerio sin autoridad, y esto a su vez produce desconfianza en los que nos escuchan. Por otro lado, la autosuficiencia nos hace creernos muy importantes e independientes, y esta actitud además de destruirnos, destruye nuestra influencia entre quienes ministramos.

El doctor Ledezma ha escrito una obra que, al irse aplicando sus lecciones con sinceridad y entusiasmo, podrá servir para evitar cualquiera de estos dos males. Su nombre: «PODER PARA VIVIR».

Recomiendo altamente su lectura. Y mi oración, querido lector, es que Dios bendiga el contenido de estas páginas tanto a su persona, en forma personal, como también a su ministerio, y a través de usted, a todos a quienes usted ministra.

Hermano Pablo (Dr. Paul Finkenbinder)

En su libro «Poder Para Vivir», el doctor Ledezma nos da en una forma práctica cómo hacernos del poder de Dios para la vida diaria. Nuestro pueblo carece de un conocimiento amplio de lo que Dios tiene para ellos a fin de poder salir adelante con la vida. Aquí hay respuestas. Lo recomiendo a todo creyente y no creyente también.

Dr. Daniel de León
Templo Calvario

No lea este libro si usted ha optado por una vida pobre, opaca y sin triunfos. Si usted anhela prosperar y vivir victoriosamente, entonces ha encontrado el manual que le enseñará cómo lograrlo. Gracias doctor Abel Ledezma por darnos esta obra extraordinaria.

Dr. Alberto Mottesi
Evangelista